실전모의고사 N5

학습을 위한
추가 혜택

무료 학습 자료

교재 MP3
(모의고사용/복습용/
고사장 소음 버전)

온라인 모의고사

JLPT N5
단어·문형 암기장
(PDF)

[이용 방법]

해커스일본어 사이트(japan.Hackers.com) 접속 후 로그인 ▶
상단의 [교재/MP3 → MP3/자료] 클릭 후 이용하기

해커스일본어
[MP3/자료]
바로가기 ▶

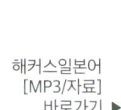

해커스일본어 단과/종합 인강 **30%** 할인쿠폰

K690-B60C-2DD7-D000

[이용 방법]

해커스일본어 사이트(japan.Hackers.com) 접속 후 로그인 ▶
메인 우측 하단 [쿠폰&수강권 등록]에서 쿠폰번호 등록 후 강의 결제 시 사용 가능

* 등록 후 30일간 사용 가능
* 본 쿠폰은 1회에 한해 등록 가능합니다.
* 이 외 쿠폰과 관련된 문의는 해커스 고객센터(02-537-5000)로 연락 바랍니다.

쿠폰 바로
등록하기 ▶

일본어 교육 1위 해커스일본어

한경비즈니스 선정 2020 한국브랜드선호도 교육(온·오프라인 일본어) 부문 1위

해커스JLPT

착한 **0**원반
수강료

* [0원] 교재비 환급대상 제외/제세공과금 본인부담/미션달성시
* 페이지 내 유의사항 필수 확인

해커스 어학연구소만의 자신 있는 합격 전략!
해커스 JLPT N3~N1 교재 제공

성적 or 출석 달성 시	기초일본어부터	미션 실패 시 무조건	일본어 학습자료
수강료 100% 환급	**JLPT 강의까지 무제한**	**수강 기간 연장**	**무료 제공**

총 360일 수강!

* 교재비 환급대상 제외/제세공과금 본인부담/미션달성시
* [출석] 수강기간 180일 중 120일 연속 출석
* 페이지 내 유의사항 필수 확인

* 페이지 내 유의사항 필수 확인

* PDF

일본어 교육 1위 해커스일본어
japan.Hackers.com

JLPT
N3/N2/N1
착한 0원반 ▶

해커스 JLPT
일본어능력시험

실전모의고사

문제집

N5

해커스 어학연구소

문제집

목차

이 책의 특징과 구성 ... 4
JLPT N5 시험 정보 ... 6
과목별 출제 유형 및 문제 풀이 전략 ... 8
학습 플랜 ... 12
일본어 기초 문법 ... 14

문제집 [책속의 책]

제1회 실전모의고사 ... 21

제2회 실전모의고사 ... 65

제3회 실전모의고사 ... 109

정답표 ... 154
OMR 구성 및 작성법 ... 157
OMR ... 159

해커스 JLPT 실전모의고사 **N5**

해설집 (본책)

제1회 실전모의고사
정답·해석·해설

- 언어지식(문자·어휘) ········ 5
- 언어지식(문법) ············· 8
- 독해 ······················· 11
- 청해 ······················· 14

제2회 실전모의고사
정답·해석·해설

- 언어지식(문자·어휘) ········ 29
- 언어지식(문법) ············· 32
- 독해 ······················· 35
- 청해 ······················· 38

제3회 실전모의고사
정답·해석·해설

- 언어지식(문자·어휘) ········ 51
- 언어지식(문법) ············· 54
- 독해 ······················· 57
- 청해 ······················· 59

부록

- 회차별 단어·문형 ············ 72
- JLPT 빈출 단어·문형 ········· 81

이 책의 특징과 구성

최신 경향을 반영한 모의고사

최신 출제 경향을 철저히 분석 반영한 모의고사 3회분을 직접 풀어 봄으로써 현재 실력을 가늠하고 취약한 부분을 보충하여 실제 시험에 완벽하게 대비할 수 있습니다.

정확한 해석과 전략적 해설

모든 문제에 대한 직역에 가까운 정확한 해석과 함께, 문제 풀이 전략을 기반으로 정답뿐 아니라 오답에 대해서까지 상세하게 설명한 전략적 해설로 문제 풀이 방법을 학습하면 빠르고 정확하게 정답을 고를 수 있습니다.

어휘 정리

지문과 문제에서 사용된 **어휘의 의미를 품사와 함께 수록**하여 사전을 찾는 불편을 덜 수 있습니다.

・교재에 사용된 품사 기호
명 명사 동 동사 い형 い형용사 な형 な형용사
접 접속사 부 부사 조 조사

TIP

추가로 알아두면 좋을 **학습 포인트**와 실제 시험장에서 **적용 가능한 문제 풀이 팁**을 수록하여 더욱 완벽하게 실전에 대비하고 빠르고 정확하게 문제를 풀 수 있습니다.

해커스 **JLPT** 실전모의고사 N5

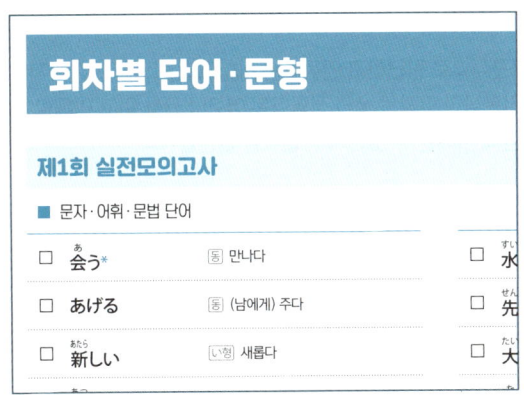

■ 회차별 단어·문형과 JLPT 빈출 단어·문형

각 **회차별 빈출 단어·문형**은 물론 **JLPT 빈출 단어·문형**까지 제공합니다. 해커스일본어(japan.Hackers.com)에서 제공하는 'JLPT N5 단어·문형 암기장' PDF를 내려받으면 해당 부록의 단어·문형을 스마트폰에 넣어 학습할 수도 있고 퀴즈를 통해 복습할 수도 있습니다.

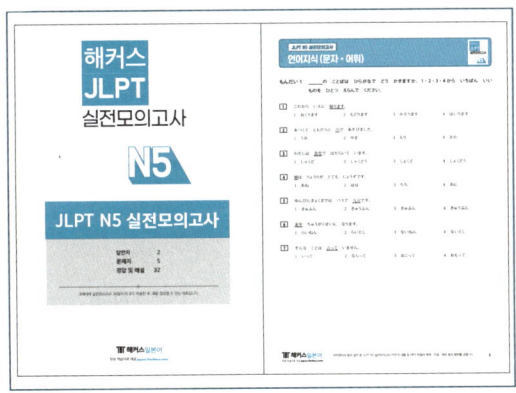

■ 온라인 실전모의고사

해커스일본어(japan.Hackers.com)에서 제공하는 **온라인 실전모의고사**를 추가로 풀어보며 **실력을 재점검하고 실전 감각을 향상**시킬 수 있습니다.

■ 3가지 버전의 MP3

실전 감각을 익힐 수 있는 **모의고사용 MP3, 고사장 소음 버전 MP3**와 원하는 문제만 반복하여 들을 수 있는 **복습용 분할 MP3**까지 총 3가지 버전의 MP3를 반복 청취하면 직청직해 능력과 실전 감각을 효과적으로 키울 수 있습니다.

JLPT N5 시험 정보

■ JLPT N5란?

JLPT란 일본어를 모국어로 하지 않는 사람의 일본어 능력을 객관적으로 판단하고 인정하는 시험으로, N5부터 N1까지의 급수로 이루어져 있습니다. 그 중 N5는 히라가나나 가타카나, 기본적인 한자로 쓰인 정형화된 어구나 글을 읽고 이해할 수 있으며 일상생활적인 장면에서 천천히 말하면 필요한 정보를 듣고 이해할 수 있는 수준인지를 판단합니다.

■ 시험 구성 및 시험 시간

시험 구성		문항수	시험 시간
입실			13:40 까지
1교시	언어지식(문자·어휘)	28	14:00~14:20 (20분)
	언어지식(문법)	21	14:25~15:05 (40분)
	독해	8	
휴식			15:05~15:25 (20분)
2교시	청해	28	15:25~16:00 (35분) *시험은 30분간 진행

■ 합격 기준

JLPT는 합격점 이상 득점하면 합격하며, 한 과목이라도 과락 기준점 미만으로 득점하면 불합격됩니다.

합격점 / 만점	과목별 과락 기준점 / 만점		
	언어지식(문자·어휘·문법)	독해	청해
80점 / 180점	38점 / 120점		19점 / 60점

■ 시험 결과

- JLPT에 합격하면, 「일본어능력인정서」와 「일본어능력시험 인정결과 및 성적에 관한 증명서」를 받을 수 있으며, 불합격할 경우, 「일본어능력시험 인정결과 및 성적에 관한 증명서」만 수령하게 됩니다.
- 「일본어능력시험 인정결과 및 성적에 관한 증명서」에는 과목별 점수와 총점, 백분율, 언어지식(문자·어휘·문법) 과목의 정답률을 알 수 있는 참고 정보가 표기되어 있어, 자신의 실력이 어느 정도인지 알 수 있습니다.

<인정결과 및 성적에 관한 증명서>

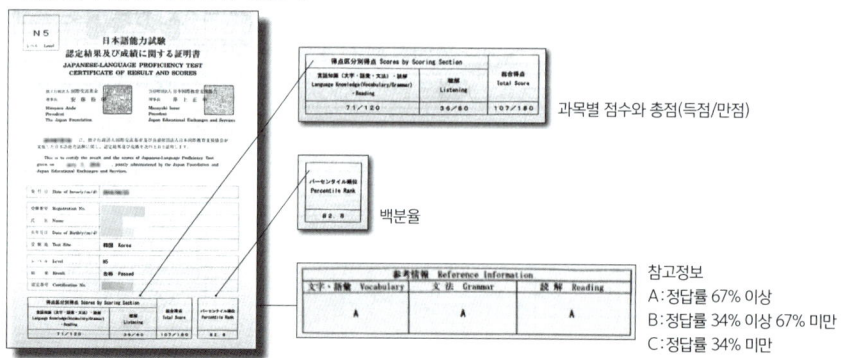

과목별 점수와 총점(득점/만점)

백분율

참고정보
A : 정답률 67% 이상
B : 정답률 34% 이상 67% 미만
C : 정답률 34% 미만

시험 접수 및 준비, 결과 확인

1. 시험 접수, 시험일, 시험 결과 조회 일정

	시험 접수	시험일	시험 결과 조회
매년 제1회 시험	매년 4월 초	매년 7월 첫 번째 일요일	매년 8월 말
매년 제2회 시험	매년 9월 초	매년 12월 첫 번째 일요일	매년 1월 말

* 일반 접수 기간이 끝난 뒤, 약 일주일 동안의 추가 접수 기간이 있습니다.
정확한 일정은 JLPT 한국 홈페이지 (http://jlpt.or.kr)에서 확인 가능합니다.

2. 시험 접수 방법

(1) 인터넷 접수   *회원 가입 및 로그인 필요
JLPT 한국 홈페이지(http://jlpt.or.kr)에서 [시험 접수]로 접수합니다.

(2) 우편 접수   *시험장 선택 불가
구비 서류를 등기우편으로 발송하여 접수합니다.
구비 서류 : 수험 원서(홈페이지 다운로드), 증명사진 1매(뒷면에 이름, 생년월일, 휴대 전화 번호 기재),
수험료(우체국 통상환)
보낼 곳 : [서울권역] (03060) 서울시 종로구 율곡로53, 해영빌딩 1007호 JLPT일본어능력시험
[부산권역] (48792) 부산광역시 동구 중앙대로 319, 1501호(초량동, 부산YMCA)
(사) 부산한일문화교류협회
[제주권역] (63219) 제주특별자치도 제주시 청사로 1길 18-4 제주상공회의소 JLPT 담당자 앞

3. 시험 준비물

 수험표   규정 신분증
(주민등록증, 운전면허증, 여권 등)   필기구
(연필이나 샤프, 지우개)   시계

4. 결과 확인

(1) 결과 조회
1회 시험은 8월 말, 2회 시험은 1월 말에 JLPT 한국 홈페이지(http://jlpt.or.kr)에서 조회 가능합니다.

(2) 결과표 수령 방법
JLPT 결과표는 1회 시험은 9월 말, 2회 시험은 2월 말에 접수 시 기재한 주소로 발송됩니다.

(3) 자격 유효 기간
유효 기간이 없는 평생 자격이지만, 기관 등에서는 보통 2년 이내 성적을 요구하므로 주의하세요.

과목별 출제 유형 및 문제 풀이 전략

■ 언어지식(문자·어휘)

1. 문제 유형

문제		문항 수	문제 내용
문제 1	한자읽기	7	한자로 쓰여진 단어의 읽는 방법을 물음
문제 2	표기	5	히라가나로 쓰여진 단어가 한자로 어떻게 쓰여지는지를 물음
문제 3	문맥규정	6	문맥적으로 가장 잘 어울리는 단어가 무엇인지를 물음
문제 4	유의표현	3	밑줄 친 문장과 의미적으로 가까운 문장을 물음

* 실제 시험에서는 1~2개의 문항 수의 변동이 있을 수 있습니다.

2. 학습 방법

> **한자읽기와 표기는 선택지의 발음이나 한자에 주의해 선택지를 고른다.**
> 주로 한자읽기 문제는 탁음, 반탁음, 장음, 요음, 촉음 등의 발음, 표기 문제는 비슷한 모양이나 발음, 의미의 한자를 사용한 선택지로 헷갈리게 한다. 따라서 선택지에 쓰인 히라가나와 한자를 주의 깊게 읽고 정답을 골라야 한다.

> **문맥규정은 빈칸 앞뒤 혹은 문장 전체와 문맥이 가장 잘 어울리는 선택지를 고른다.**
> 선택지를 먼저 읽고 각각의 의미를 파악한 다음, 빈칸의 앞뒤나 문장 전체를 보고 문맥과 어울리는 선택지를 정답으로 고른다.

> **유의표현은 제시문과 선택지의 다른 부분을 비교해 선택지를 고른다.**
> 제시문과 다른 부분을 선택지에 표시한 후 다른 부분이 단어면 동의어를 포함한 선택지를, 구면 의미가 같은 표현을 포함한 선택지를 정답으로 고른다.

■ 언어지식(문법)

1. 문제 유형

문제	문항 수	문제 내용
문제 1	문법형식 판단	9	문장의 내용에 적절한 문법형식이 무엇인지를 물음
문제 2	문장 만들기	4	문법상 옳고, 문맥상 통하는 문장을 완성할 수 있는지를 물음
문제 3	글의 문법	4	문법상 옳고, 문맥상 글의 흐름에 맞는 내용이 무엇인지를 물음

* 실제 시험에서는 1~2개의 문항 수의 변동이 있을 수 있습니다.

2. 학습 방법

> **문법형식 판단은 빈칸 앞뒤나 제시문 전체의 문맥에 가장 잘 어울리는 선택지를 고른다.**
> 빈칸에 넣었을 때 빈칸 앞뒤나 제시문 전체의 문맥에 적절한 선택지를 찾고, 빈칸 앞뒤와 올바른 형태로 접속되는지 등과 같은 문법적인 사항까지 확인한 후 정답을 고른다.

> **문장 만들기는 문형으로 연결되는 선택지를 먼저 배열한 후 의미에 맞게 배열해 선택지를 고른다.**
> 문형으로 연결되는 선택지가 있으면 먼저 배열한 후 나머지 선택지를 의미에 맞게 배열한다. 그 다음, 빈칸에 넣어 전체 문장이 자연스러운지 확인한 후 ★ 표시가 있는 빈칸에 들어가는 선택지를 정답으로 고른다.

> **글의 문법은 빈칸 앞뒤나 빈칸이 포함된 문장, 문장 앞뒤 내용의 문맥에 어울리는 선택지를 고른다.**
> 빈칸 바로 앞뒤나 빈칸이 포함된 문장, 또는 빈칸이 포함된 문장 앞뒤 문장의 문맥을 파악하여 적절한 선택지를 정답으로 고른다.

과목별 출제 유형 및 문제 풀이 전략

■ 독해

1. 문제 유형

문제		문항 수	문제 내용
문제 4	내용이해 (단문)	2	학습, 생활, 업무 등에 관련된 화제, 장면에 대해 쉽게 쓰여진 60~140자 정도의 텍스트를 읽고, 내용을 이해할 수 있는지를 물음
문제 5	내용이해 (중문)	2	글쓴이의 일상생활, 특별한 체험 등을 제재로 하여 쉽게 쓰여진 250~280자 정도의 텍스트를 읽고, 내용을 이해할 수 있는지를 물음
문제 6	정보검색	1	상품이나 행사 등에 관련된 150~250자 정도의 안내문 중에서 필요한 정보를 찾아낼 수 있는지를 물음

* 실제 시험에서는 1~2개의 문항 수의 변동이 있을 수 있습니다.
* 독해 과목은 언어지식(문법) 과목과 동일한 시험지에 포함되어 있으며 문제 4부터 시작합니다.

2. 학습 방법

> **내용이해(단문·중문)은 질문을 먼저 읽고 지문에서 질문과 관련된 내용을 파악해 선택지를 고른다.**

밑줄 친 부분이나 세부 내용에 대해 묻는 문제는 밑줄 친 부분 또는 관련된 키워드를 지문에서 찾아 그 주변의 내용과 일치하는 선택지를 정답으로 고른다. 필자의 생각이나 지문의 주제를 묻는 문제는 주로 지문의 마지막 부분에 단서가 있으므로 마지막 부분을 주의 깊게 읽고 정답을 고른다.

> **정보검색은 질문에 제시된 조건이나 상황을 먼저 파악한 후, 지문과 대조하여 선택지를 고른다.**

질문에 제시된 2~3개의 조건 또는 상황을 먼저 파악한 후, 그에 해당하는 모든 내용을 지문에서 찾아 표시한다. 그 다음, 질문의 조건이나 상황에 모두 부합하는 선택지를 정답으로 고른다.

해커스 JLPT 실전모의고사 N5

■ 청해

1. 문제 유형

문제		문항 수	문제 내용
문제 1	과제이해	7	구체적인 과제 해결에 필요한 정보를 듣고, 최종 결정 사항이 무엇인지 적절히 이해할 수 있는지를 물음
문제 2	포인트이해	6	사전에 제시되는 내용을 근거로 하여, 포인트를 찾아 들을 수 있는지를 물음
문제 3	발화표현	5	그림을 보며 상황 설명을 듣고, 적절한 발화를 선택할 수 있는지를 물음
문제 4	즉시응답	8	질문 등의 짧은 발화를 듣고, 적절한 응답을 선택할 수 있는지를 물음

* 실제 시험에서는 1~2개의 문항 수의 변동이 있을 수 있습니다.

2. 학습 방법

> **과제이해와 포인트이해는 음성을 듣기 전 선택지를 먼저 확인하고, 음성에서 무엇을 묻는 질문인지 파악한다.**

보통 선택지는 음성에서 언급하는 내용으로 구성되므로 음성을 듣기 전 선택지를 보고 음성에서 언급될 내용을 미리 파악한다. 그 다음, 음성에서 상황과 질문을 들을 때 무엇을 묻는 질문인지 파악하고 일치하는 내용의 선택지를 정답으로 고른다.

> **발화표현은 음성을 듣기 전 그림의 상황과 화살표로 표시된 인물을 파악한다.**

음성을 듣기 전 그림을 보고 어떤 상황인지, 누구의 말을 골라야 하는지 미리 파악한다. 그 다음, 음성을 통해 상황과 등장인물의 관계를 정확히 파악하고 화살표로 표시된 인물이 할 적절한 말을 정답으로 고른다. 화살표로 표시되지 않은 인물이 할 말을 정답으로 고르지 않도록 주의한다.

> **즉시응답은 질문의 내용과 의도를 파악하고 적절한 응답을 정답으로 고른다.**

사실 확인, 권유 등 질문의 내용과 의도를 파악하고 적절하게 대답한 응답을 정답으로 고른다. 질문에 사용된 표현을 그대로 반복한 말, 질문에 사용된 의문사가 아닌 다른 의문사를 사용한 질문의 답변이 될 수 있는 말, 상황에 맞지 않는 말 등으로 헷갈리게 하므로 질문의 내용과 의도, 상황을 정확하게 파악하는 것이 중요하다.

학습 플랜

📅 5일 학습 플랜

* 시험 직전 실전 감각을 극대화하고, 합격 실력을 마지막으로 점검하고 싶은 학습자

일차	날짜	학습 내용
1일차	☐ ___월 ___일	- 제1회 실전모의고사 풀고 채점 후, 틀린 문제 복습하기 - 회차별 단어·문형 제1회 암기
2일차	☐ ___월 ___일	- 제2회 실전모의고사 풀고 채점 후, 틀린 문제 복습하기 - 회차별 단어·문형 제2회 암기
3일차	☐ ___월 ___일	- 제3회 실전모의고사 풀고 채점 후, 틀린 문제 복습하기 - 회차별 단어·문형 제3회 암기
4일차	☐ ___월 ___일	- 온라인 실전모의고사 풀고 채점 후, 틀린 문제 복습하기
5일차	☐ ___월 ___일	- 실전모의고사 제1~3회, 온라인 실전모의고사 다시 풀기 - 회차별 단어·문형 제1~3회 중 잘 안 외워진 단어·문형 다시 한 번 암기

시험일	☐ ___월 ___일	- 시험 직전까지 학습 자료로 막판 대비하기
		  · 청해 문항별 분할 MP3를 담은 휴대 전화 - 시험 직전까지 계속 들어요.
		  · JLPT N5 단어·문형 암기장(PDF)

📅 7일 학습 플랜

* 현재 실력을 가늠해 보고, 차근차근 실력을 다지면서 합격 실력을 만들어 가고 싶은 학습자

일차	날짜	학습 내용
1일차	☐ ___월 ___일	- 제1회 실전모의고사 풀기 - 회차별 단어·문형 제1회 암기
2일차	☐ ___월 ___일	- 제2회 실전모의고사 풀기 - 회차별 단어·문형 제2회 암기
3일차	☐ ___월 ___일	- 실전모의고사 제1~2회 틀린 문제 복습하기 - 회차별 단어·문형 제1~2회 – 잘 안 외워진 단어·문형 한 번 더 암기
4일차	☐ ___월 ___일	- 제3회 실전모의고사 풀기 - 회차별 단어·문형 제3회 암기
5일차	☐ ___월 ___일	- 온라인 실전모의고사 풀기
6일차	☐ ___월 ___일	- 제3회 실전모의고사, 온라인 실전모의고사 틀린 문제 복습하기 - 회차별 단어·문형 제1~3회 중 잘 안 외워진 단어·문형 다시 한 번 암기
7일차	☐ ___월 ___일	- 실전모의고사 제1~3회, 온라인 실전모의고사 다시 풀기 - 회차별 단어·문형 제1~3회 전체 복습하기

시험일	☐ ___월 ___일	- 시험 직전까지 학습 자료로 막판 대비하기
		  1. 청해 문항별 분할 MP3를 담은 휴대 전화 – 시험 직전까지 계속 들어요.
		  2. JLPT N5 단어·문형 암기장(PDF)

일본어 기초 문법

■ 명사

명사는 뒤에 ～だ가 붙어 접속하여 '～이다'라는 의미의 보통형이 되거나, ～です와 접속하여 '～입니다'라는 의미의 정중형이 된다.

종류	보통형 (반말)	정중형 (존댓말)
현재 긍정 표현	本だ 책이다	本です 책입니다
현재 부정 표현	本では(じゃ)ない 책이 아니다	本では(じゃ)ないです ＝ 本では(じゃ)ありません 책이 아닙니다
과거 긍정 표현	本だった 책이었다	本でした 책이었습니다
과거 부정 표현	本では(じゃ)なかった 책이 아니었다	本では(じゃ)なかったです ＝ 本では(じゃ)ありませんでした 책이 아니었습니다

■ 조사

조사는 주로 명사에 붙어 주어나 목적어로 만들어주거나 단어와 단어 사이를 연결한다.

종류	의미	예문
の	～의	私の学校です 나의 학교입니다
は	～은/는	彼は学生です 그는 학생입니다
が	～이/가	私がやります 제가 하겠습니다
を	～을/를	パンを食べます 빵을 먹습니다
で	～에서 (장소) ～로 (수단)	会社で会います 회사에서 만납니다 車で行きます 차로 갑니다
へ	～에/로 (방향)	公園へ行きます 공원에 갑니다
に	～에 (시간, 장소) ～에게 ～하러	5時に出ます 5시에 나갑니다 友達に電話をします 친구에게 전화를 합니다 服を買いに行きます 옷을 사러 갑니다
と	～와/과	弟と映画を見ます 남동생과 영화를 봅니다
も	～도	りんごも好きです 사과도 좋아합니다.
か	～까? (문장의 마지막에 붙여서 의문문을 만든다)	これは本ですか 이것은 책입니까

■ い형용사

형용사는 사물의 성질이나 상태, 모양 등을 나타내는 품사이며 이 중 어미가 い인 형용사를 い형용사라고 한다. 활용할 때 끝 글자인 い가 바뀌는 특징이 있다.

활용형		활용 방법	예문
기본형	보통형	–	おいしい 맛있다
	정중형	보통형 + です	おいしいです 맛있습니다
부정형	보통형	~い → ~くない	おいしくない 맛있지 않다
	정중형	~い → ~くありません	おいしくありません 맛있지 않습니다
과거형	보통형	~い → ~かった	おいしかった 맛있었다
	정중형	~い → ~かったです	おいしかったです 맛있었습니다
과거 부정형	보통형	~い → ~くなかった	おいしくなかった 맛있지 않았다
	정중형	~い → ~くありませんでした	おいしくありませんでした 맛있지 않았습니다
연결형(~하고, ~해서)		~い → ~くて	おいしくて 맛있고, 맛있어서
부사적 표현(~하게)		~い → ~く	おいしく 맛있게

■ な형용사

형용사 중, 끝 글자가 だ이고, 명사를 수식할 때 な로 바뀌는 형용사를 な형용사라고 한다. 활용할 때 끝 글자인 だ가 바뀌는 특징이 있다.

활용형		활용 방법	예문
기본형	보통형	–	静かだ 조용하다
	정중형	~だ → ~です	静かです 조용합니다
부정형	보통형	~だ → ~では(じゃ)ない	静かでは(じゃ)ない 조용하지 않다
	정중형	~だ → ~では(じゃ)ありません	静かでは(じゃ)ありません 조용하지 않습니다
과거형	보통형	~だ → ~だった	静かだった 조용했다
	정중형	~だ → ~でした	静かでした 조용했습니다
과거 부정형	보통형	~だ → ~では(じゃ)なかった	静かでは(じゃ)なかった 조용하지 않았다
	정중형	~だ → では(じゃ)ありませんでした	静かでは(じゃ)ありませんでした 조용하지 않았습니다
연결형(~하고, ~해서)		~だ → ~で	静かで 조용하고, 조용해서
부사적 표현(~하게)		~だ → ~に	静かに 조용하게

■ 동사

● 동사의 종류

모든 동사의 사전형*은 끝 글자가 う단이라는 특징이 있고, 1그룹 동사, 2그룹 동사, 3그룹 동사 세 가지로 나뉘어진다.

종류	내용	단어 예시
1그룹	2그룹과 3그룹 동사를 제외한 모든 동사를 포함한다. * 예외적으로 어미가 る이고, る 앞의 문자가 い단 혹은 え단인 1그룹 동사도 있다. 예) 帰る(돌아가다), 知る(알다)	書く 쓰다 買う 사다 移る 옮기다
2그룹	어미가 る이고, る 앞의 문자가 い단 혹은 え단인 동사이다.	見る 보다 食べる 먹다
3그룹	する와 来る 두 가지뿐이다.	する 하다 来る 오다

* 사전형이란 사전에 수록된 기본 형태를 의미한다.

● ます형

ます는 '~합니다' 라는 의미로, 동사를 정중하게 말할 때 사용한다. 동사 뒤에 ます를 붙이려면 동사의 끝 글자를 바꿔야 하는데, 이렇게 바꾼 형태를 동사의 ます형이라고 하며, 동사의 ます형에 ます를 붙인 것을 동사의 정중형이라고 한다. ます형 뒤에는 ～ます(~합니다), ～ましょう(~합시다) 등의 문형을 붙일 수 있다.

종류	활용 방법	활용 예시
1그룹	어미 う단을 い단으로 바꾼다.	書く 쓰다 → 書きます 씁니다 買う 사다 → 買います 삽니다 移る 옮기다 → 移ります 옮깁니다
2그룹	어미 る를 삭제한다.	見る 보다 → 見ます 봅니다 食べる 먹다 → 食べます 먹습니다
3그룹	불규칙 동사 2개를 오른쪽과 같이 활용한다.	する 하다 → します 합니다 来る 오다 → 来ます 옵니다

● ない형

ない는 '~않다, ~않는다' 라는 의미로, 동사의 부정을 나타낼 때 사용한다. 동사 뒤에 ない를 붙이려면 동사의 끝 글자를 바꿔야 하는데, 이렇게 바뀐 형태를 동사의 ない형이라고 하며, 동사의 ない형에 ない를 붙인 것을 동사의 부정형이라고 한다. ない형 뒤에는 〜ない(~않다), 〜ないで(~하지 않고) 등의 문형을 붙일 수 있다.

종류	활용 방법	활용 예시
1그룹	어미 う단을 あ단으로 바꾼다. (단, 어미가 う인 경우는 わ로 바꾼다.)	書く 쓰다 → 書かない 쓰지 않다 買う 사다 → 買わない 사지 않다
2그룹	어미 る를 삭제한다.	見る 보다 → 見ない 보지 않다 食べる 먹다 → 食べない 먹지 않다
3그룹	불규칙 동사 2개를 오른쪽과 같이 활용한다.	する 하다 → しない 하지 않다 来る 오다 → 来ない 오지 않다

● て형

て형은 '~해서, ~하고' 라는 의미로, 동사 두 개를 연결할 때 사용한다. 동사 뒤에 て를 붙이려면 동사의 끝 글자를 바꿔야 하는데, 이렇게 바뀐 형태에 て를 붙인 것을 동사의 て형이라고 하며, 동사의 て형은 동사의 연결형이라고도 한다. 동사의 て형은 〜てください(~해 주세요), 〜ている(~하고 있다) 등의 문형에서 사용된다.

종류	활용 방법	활용 예시
1그룹	1. 어미가 く인 경우 いて로 바꾼다. 2. 어미가 ぐ인 경우 いで로 바꾼다. 3. 어미가 う, つ, る인 경우 って로 바꾼다. 4. 어미가 す인 경우 して로 바꾼다. 5. 어미가 ぬ, む, ぶ인 경우 んで로 바꾼다.	1. 書く 쓰다 → 書いて 써서 2. 脱ぐ 벗다 → 脱いで 벗어서 3. 知る 알다 → 知って 알아서 4. 話す 말하다 → 話して 말해서 5. 読む 읽다 → 読んで 읽어서
2그룹	어미 る를 빼고 て를 붙인다.	見る 보다 → 見て 봐서 食べる 먹다 → 食べて 먹어서
3그룹	불규칙 동사 2개를 오른쪽과 같이 활용한다.	する 하다 → して 해서 来る 오다 → 来て 와서

● た형

た형은 '~했다'라는 의미로, 동사의 과거를 나타낼 때 사용한다. 동사 뒤에 た를 붙이려면 동사의 끝 글자를 바꿔야 하는데, 이렇게 바꾼 형태에 た를 붙인 것을 동사의 た형이라고 하며, 동사의 た형은 동사의 과거형이라고도 한다. 동사의 た형은 ~たことがある(~한 적이 있다), ~たところ(~한 결과) 등의 문형에서 사용된다.

종류	활용 방법	활용 예시
1그룹	1. 어미가 く인 경우 いた로 바꾼다. 2. 어미가 ぐ인 경우 いだ로 바꾼다. 3. 어미가 う, つ, る인 경우 った로 바꾼다. 4. 어미가 す인 경우 した로 바꾼다. 5. 어미가 ぬ, む, ぶ인 경우 んだ로 바꾼다.	1. 書く 쓰다 → 書いた 썼다 2. 脱ぐ 벗다 → 脱いだ 벗었다 3. 知る 알다 → 知った 알았다 4. 話す 말하다 → 話した 말했다 5. 読む 읽다 → 読んだ 읽었다
2그룹	어미 る를 빼고 た를 붙인다.	食べる 먹다 → 食べた 먹었다 見る 보다 → 見た 봤다
3그룹	불규칙 동사 2개를 오른쪽과 같이 활용한다.	する 하다 → した 했다 来る 오다 → 来た 왔다

● 동사의 의지형과 청유형

의지형은 '~해야지'라는 의미이며, 청유형은 '~하자'라는 의미이다. 의지형과 청유형은 형태가 같지만, 의지형으로 사용될 때는 뒤에 ～と思う(~라고 생각하다) 또는 ～とする(~라고 하다)와 같은 표현을 붙여서, '~하려고 생각하다', '~하려고 하다'의 뜻으로 주로 사용한다.

종류	활용 방법	활용 예시
1그룹	어미 う단을 お단으로 바꾸고 う를 붙인다.	書く 쓰다 → 書こう 써야지, 쓰자 買う 사다 → 買おう 사야지, 사자
2그룹	어미 る를 빼고 よう를 붙인다.	食べる 먹다 → 食べよう 먹어야지, 먹자 見る 보다 → 見よう 봐야지, 보자
3그룹	불규칙 동사 2개를 오른쪽과 같이 활용한다.	する 하다 → しよう 해야지, 하자 来る 오다 → 来よう 와야지, 오자

● **동사의 명령형**

명령형은 '~해' 라는 의미로, 다른 사람에게 무언가를 하라고 명령할 때 사용한다.

종류	활용 방법	활용 예시
1그룹	어미 う단을 え단으로 바꾼다.	書く 쓰다 → 書け 써 買う 사다 → 買え 사
2그룹	어미 る를 빼고 ろ를 붙인다.	食べる 먹다 → 食べろ 먹어 見る 보다 → 見ろ 봐
3그룹	불규칙 동사 2개를 오른쪽과 같이 활용한다.	する 하다 → しろ 해 来る 오다 → 来い 와

● **동사의 부정 명령형**

부정 명령형은 '~하지마' 라는 의미로, 다른 사람에게 무언가를 하지 말라고 금지시킬 때 사용한다.

종류	활용 방법	활용 예시
모든 동사	동사 사전형 뒤에 な를 붙인다.	書く 쓰다 → 書くな 쓰지마 買う 사다 → 買うな 사지마 食べる 먹다 → 食べるな 먹지마 見る 보다 → 見るな 보지마 する 하다 → するな 하지마 来る 오다 → 来るな 오지마

무료 온라인 실전모의고사·학습자료 제공
해커스일본어 japan.Hackers.com

해커스 JLPT 실전모의고사 **N5**

제1회 실전모의고사

잠깐! 실전모의고사 전 아래 사항을 꼭 확인하세요.
1. 휴대전화의 전원을 끄셨나요? 예 □
2. OMR, 연필, 지우개, 시계를 준비하셨나요? 예 □
   * OMR은 문제집 뒤에 있습니다.
3. 청해 실전모의고사용 MP3를 들을 준비가 되셨나요? 예 □

모든 준비가 완료되었으면 모의고사를 시작합니다.

※ 실전모의고사를 풀어본 후, 회차별 단어·문형(해설집 p.74)으로 단어와 문형을 복습해 보세요.

Language Knowledge（Vocabulary） もんだいようし

N5

げんごちしき（もじ・ごい）

（20ぷん）

ちゅうい
Notes

1. しけんが はじまるまで、この もんだいようしを あけないで ください。
   Do not open this question booklet until the test begins.

2. この もんだいようしを もって かえる ことは できません。
   Do not take this question booklet with you after the test.

3. じゅけんばんごうと なまえを したの らんに、じゅけんひょうと おなじように かいて ください。
   Write your examinee registration number and name clearly in each box below as written on your test voucher.

4. この もんだいようしは、ぜんぶで 5ページ あります。
   This question booklet has 5 pages.

5. もんだいには かいとうばんごうの 1 、2 、3 … が あります。
   かいとうは、かいとうようしに ある おなじ ばんごうの ところに マークして ください。
   One of the row numbers 1, 2, 3 … is given for each question. Mark your answer in the same row of the answer sheet.

じゅけんばんごう　Examinee Registration Number

なまえ　Name

もんだい1 ＿＿＿の ことばは ひらがなで どう かきますか。
1・2・3・4から いちばん いい ものを ひとつ えらんで ください。

（れい） <u>姉</u>は しょうがっこうの せんせいです。

　　　1　そふ　　　　2　そぼ　　　　3　あね　　　　4　あに

　　　（かいとうようし）　| （れい） | ① ② ● ④ |

1　この <u>机</u>は とても おおきいです。
　　1　くるま　　　2　みせ　　　3　へや　　　4　つくえ

2　<u>女の子</u>が ないて いました。
　　1　おとこのこ　　2　おんなのこ　　3　おとこのひと　　4　おんなのひと

3　コンビニで <u>雑誌</u>を かいました。
　　1　さっし　　　2　ざっし　　　3　しゃっし　　　4　じゃっし

4　いちごの ケーキを <u>作って</u> みました。
　　1　うって　　　2　きって　　　3　つくって　　　4　おくって

5　ほんやは <u>一階</u>に あります。
　　1　いちかい　　2　いっかい　　3　いちぱい　　4　いっぱい

6　きょうは きのうより <u>寒い</u>ですね。
　　1　おそい　　　2　はやい　　　3　あつい　　　4　さむい

7　かいしゃの せんぱいに <u>会いました</u>。
　　1　あいました　　2　いいました　　3　もらいました　　4　ならいました

もんだい2 ＿＿＿の ことばは どう かきますか。1・2・3・4から いちばん いい ものを ひとつ えらんで ください。

（れい） ひがしの そらが あかるく なりました。

　　　　　1 軍　　　　　2 車　　　　　3 東　　　　　4 束

（かいとうようし）　（れい）　① ② ● ④

---

8 そふは まいあさ しんぶんを よみます。
　　1 新文　　　2 親文　　　3 新聞　　　4 親聞

9 ほかの みちは ありません。
　　1 所　　　2 道　　　3 門　　　4 窓

10 かんじの じゅぎょうは すいようびです。
　　1 火よう日　　　2 水よう日　　　3 金よう日　　　4 土よう日

11 きょうは ともだちと こうえんに いきます。
　　1 右だち　　　2 左だち　　　3 反だち　　　4 友だち

12 やさいも たくさん たべて ください。
　　1 長べて　　　2 良べて　　　3 食べて　　　4 飲べて

もんだい3 （　）に　なにが　はいりますか。1・2・3・4から　いちばん　いい　ものを　ひとつ　えらんで　ください。

（れい）　さむいので、まどを　（　　　）ください。
　　　　1　しめて　　　　2　もって　　　　3　とって　　　　4　けして

（かいとうようし）　（れい）　● ② ③ ④

13　サッカーの　しあいの　（　　）を　2まい　よやくしました。
　　1　クラス　　　　2　テキスト　　　　3　ノート　　　　4　チケット

14　わたしは　こうこうの　（　　）で、すうがくを　おしえて　います。
　　1　せんせい　　　2　いしゃ　　　　3　けいかん　　　4　てんいん

15　かのじょは　（　　）して　いて、こどもが　ふたり　います。
　　1　やくそく　　　2　けっこん　　　3　しょうかい　　4　じゅんび

16　これは　みんなが　しって　いる　（　　）な　うたです。
　　1　ゆうめい　　　2　じょうぶ　　　3　きけん　　　　4　たいへん

17　ゆうびんきょくは　その　（　　）を　まがって　ひだりに　あります。
　　1　いし　　　　　2　くに　　　　　3　かど　　　　　4　うみ

18　あの　きいろい　ズボンを　（　　）いる　ひとが　やまださんですか。
　　1　きて　　　　　2　けして　　　　3　おいて　　　　4　はいて

もんだい4 ＿＿＿の ぶんと だいたい おなじ いみの ぶんが あります。
1・2・3・4から いちばん いい ものを ひとつ えらんで
ください。

(れい)　かいしゃは　ちかいですか。
　　1　べんきょうを　する　ところは　ちかいですか。
　　2　ごはんを　たべる　ところは　ちかいですか。
　　3　おかねを　だす　ところは　ちかいですか。
　　4　しごとを　する　ところは　ちかいですか。

(かいとうようし)　(れい)　① ② ③ ●

---

[19]　わたしの　アパートは　ふるいです。
　　1　わたしの　アパートは　あたらしいです。
　　2　わたしの　アパートは　あたらしく　ないです。
　　3　わたしの　アパートは　ひろいです。
　　4　わたしの　アパートは　ひろく　ないです。

[20]　けさ　アメリカに　つきました。
　　1　きのうの　あさ　アメリカに　つきました。
　　2　きのうの　よる　アメリカに　つきました。
　　3　きょうの　あさ　アメリカに　つきました。
　　4　きょうの　よる　アメリカに　つきました。

[21]　ちちが　あねに　とけいを　あげました。
　　1　あねが　ちちに　とけいを　もらいました。
　　2　あねが　ちちに　とけいを　おくりました。
　　3　あねが　ちちに　とけいを　かりました。
　　4　あねが　ちちに　とけいを　わたしました。

Language Knowledge (Grammar)・Reading

もんだいようし
問題用紙

N5

言語知識(文法)・読解

(40ぷん)

注意 Notes

1. 試験が始まるまで、この問題用紙をあけないでください。
   Do not open this question booklet until the test begins.

2. この問題用紙を持ってかえることはできません。
   Do not take this question booklet with you after the test.

3. 受験番号となまえをしたの欄に、受験票とおなじようにかいてください。
   Write your examinee registration number and name clearly in each box below as written on your test voucher.

4. この問題用紙は、全部で13ページあります。
   This question booklet has 13 pages.

5. 問題には解答番号の 1、2、3 … があります。
   解答は、解答用紙にあるおなじ番号のところにマークしてください。
   One of the row numbers 1, 2, 3 … is given for each question. Mark your answer in the same row of the answer sheet.

受験番号 Examinee Registration Number	

なまえ Name	

もんだい1 （　　）に 何を 入れますか。1・2・3・4から いちばん いい ものを 一つ えらんで ください。

（れい）　わたしは えいご（　　）すきです。

　　　　　1　の　　　　2　を　　　　3　が　　　　4　に

（かいとうようし）　　（れい）　① ② ● ④

---

[1]　明日は バス（　　）乗って どうぶつえんへ 行きます。

　　1　や　　　　2　を　　　　3　で　　　　4　に

[2]　A「毎日 英語の 勉強を しますか。」
　　B「いいえ、いそがしい 日（　　）しません。」

　　1　は　　　　2　も　　　　3　が　　　　4　の

[3]　さいふの 中には 二千円（　　）入って いませんでした。

　　1　でも　　　2　まで　　　3　しか　　　4　だけ

[4]　スミス「今週末 パクさんの たんじょうび パーティーが あります。リンさん
　　　　　　（　　）一緒に どうですか。」
　　リン　「行きたいですが 予定が あります。」

　　1　か　　　　2　も　　　　3　くらい　　4　から

[5]　中村さんは 三びき（　　）大きな 犬を かって います。

　　1　と　　　　2　の　　　　3　より　　　4　など

6 (店で)
小林 「これは サイズが 大きいです。(　　) 小さい サイズは ありませんか。」
店の人「少し 待って ください。」

1　もっと　　　2　だんだん　　　3　とくに　　　4　ちょうど

7 沖縄の 海に 行きました。海には よく 行きますが、(　　) きれいな 海は はじめてです。

1　ここ　　　2　どこ　　　3　こんな　　　4　どんな

8 来年の 春から 弟は 行きたかった 大学に (　　)。
1　通います　　2　通いませんか　　3　通いましょう　　4　通って いません

9 (会社で)
A「にもつを あの 部屋に 運ばなくては いけません。」
B「大変ですね。手伝いましょうか。」
A「はい。(　　)。」

1　おつかれさまです　　　　　　2　おじゃまします
3　いってきます　　　　　　　　4　おねがいします

もんだい2 ★ に 入る ものは どれですか。1・2・3・4から いちばん いい ものを 一つ えらんで ください。

(もんだいれい)

A「きのうは 何を しましたか。」
B「きのうは としょかん ＿＿ ＿＿ ★ ＿＿ べんきょうを しました。」

1　の　　　2　にほんご　　　3　行って　　　4　に

(こたえかた)

1. ただしい 文を つくります。

> A「きのうは 何を しましたか。」
> B「きのうは としょかん ＿＿ ＿＿ ★ ＿＿ べんきょう を しました。」
> 　　　　　　　　　　　4 に　3 行って　2 にほんご　1 の

2. ★ に 入る ばんごうを くろく ぬります。

(かいとうようし)　(れい)　① ● ③ ④

10　れいぞうこの 中 ＿＿ ★ ＿＿ ＿＿ オムライスを 作りましょう。

　　1　たまご　　　2　で　　　3　ある　　　4　に

11　(学校で)
　　北野「しゅくだい ＿＿ ＿＿ ★ ＿＿ まで ですか。」
　　先生「月よう日の じゅぎょうの じかんに 出して ください。」

　　1　の　　　2　来週　　　3　は　　　4　いつ

12 今日は 会社の ＿＿＿ ＿＿＿ ★ ＿＿＿ 家に かえりました。
1 と　　　　　2 食事を　　　　3 して　　　　4 人

13 A「最近 人気の 「あかい 月」 ＿＿＿ ＿＿＿ ★ ＿＿＿ 見て いますか。」
B「はい。とても おもしろいです。」
1 と　　　　　2 を　　　　　　3 いう　　　　4 ドラマ

もんだい3 　14　から　17　に　何を　入れますか。ぶんしょうの　いみを　かんがえて、1・2・3・4から　いちばん　いい　ものを　一つ　えらんで　ください。

　ジャカさんと　キムさんは「私の　国の　食べ物」の　さくぶんを　書いて、クラスの　みんなの　前で　読みます。

(1) ジャカさんの　さくぶん

　日本では　米を　食べますが、私の　国では　クスクスを　食べます。クスクスは　世界　14　一番　小さい　パスタです。私の　国では　それを　サラダや　スープの　中に　入れて　食べます。
　日本でも　クスクスが　食べたいですが、近くの　スーパーには　売って　いません。クスクスを　売って　いる　店を　知って　いる　人は　15　。

(2) キムさんの　さくぶん

　私の　好きな　かんこくの　食べ物は　ビビンバです。かんこくは　からい　食べ物が　多いです。　16　、ビビンバは　あまり　からく　ありません。
　ビビンバは　ごはんに　肉や　野菜を　まぜて　いっしょに　食べる　料理で、とても　おいしいです。簡単なので　みなさんも　17　のは　どうですか。

14
1　も　　　　2　や　　　　3　の　　　　4　で

15
1　教えて　ください　　　　2　教えたいです
3　教えるからです　　　　　4　教えるでしょう

16
1　そうすると　　2　また　　3　でも　　4　だから

17
1　作って　みる　　2　作って　いる　　3　作って　おく　　4　作って　ある

もんだい4 つぎの (1)と (2)の ぶんしょうを 読んで、しつもんに こたえて ください。こたえは、1・2・3・4から いちばん いい ものを 一つ えらんで ください。

(1)

　きのうから 授業が 始まりました。教室には たくさんの 人が いました。となりに 座った 学生が 「名前は 何ですか」と 声を かけて きました。わたしは 「マリーです」と 答えました。その 学生は 笑いながら、「わたしも 同じ 名前です」と 言いました。とても びっくりしました。

18 「わたし」は どうして とても びっくりしましたか。
1　教室に 人が たくさん いたから
2　となりの 席に 人が 座ったから
3　となりの 学生が 声を かけて きたから
4　となりの 学生と 名前が 同じだったから

(2)
（大学の　図書館で）
学生が　この　紙を　見ました。

図書館が　早く　しまります

今日は　午後から　雨が　ひどく　なります。いつもは　10時までですが、今日は　3時で　図書館が　しまります。3時には　図書館から　出て　ください。

また、図書館は　あさってまで　おやすみです。図書館に　かえす　本が　あっても　かえすのは　来週で　いいです。

6月3日(金)　青島大学　図書館

19　この　紙に　ついて　正しいのは　どれですか。
1　図書館は　今日　10時に　しまります。
2　3時には　図書館から　出なくては　いけません。
3　今日から　あさってまで　図書館は　やすみです。
4　かえす　本は　あさって　かえしても　いいです。

もんだい5 つぎの ぶんしょうを 読んで、しつもんに こたえて ください。
こたえは、1・2・3・4から いちばん いい ものを 一つ えらんで ください。

　わたしは 先週の 土曜日、朝 早く 公園に 行きました。友だちと 運動する やくそくを したからです。でも、友だちは 時間が すぎても やくそくの ばしょに 来ませんでした。

　友だちの ことが しんぱいで 電話しました。友だちは「やくそくは 夜だよ」と 言いました。わたしは まちがえました。

　でも、がんばって 早く 起きたから 一人で 少し 走りました。あせを かきました。きもちが よかったです。そのあと、すぐに シャワーを あびました。

　よく 運動して いた 学生の ときを おもいだしました。週末は いつも 家で ゆっくり しますが、これからは ときどき 運動を する つもりです。

[20] 「わたし」は 何を まちがえましたか。
1 やくそくを した 友だち
2 やくそくを した 日
3 やくそくを した 時間
4 やくそくを した ばしょ

[21] どうして きもちが よかったですか。
1 走って あせを かいたから
2 運動の あと、シャワーを あびたから
3 学生の ときを おもいだしたから
4 家で ゆっくり したから

もんだい6 右の ページを 見て、下の しつもんに こたえて ください。こたえは、1・2・3・4から いちばん いい ものを 一つ えらんで ください。

22 チンさんは 会社の 人たちと 5人で 花山おんせんに 行きたいです。ごはんは おんせんで 食べる つもりです。チンさんは どの 部屋を えらびますか。

1　①
2　②
3　③
4　④

－花山(はなやま)おんせん－

おんせんと おいしい 食事(しょくじ)を 楽(たの)しむ ことが できます。

[部屋(へや)の 紹介(しょうかい)]

① ベッドの 部屋(へや)	・人数(にんずう):4人(にん)まで ・食事(しょくじ):ついて いません ・お金(かね):一人(ひとり) 11,000円(えん)
② ベッドの 部屋(へや)	・人数(にんずう):4人(にん)まで ・食事(しょくじ):ついて います ・お金(かね):一人(ひとり) 17,000円(えん)
③ ふとんの 部屋(へや)	・人数(にんずう):6人(にん)まで ・食事(しょくじ):ついて いません ・お金(かね):一人(ひとり) 9,000円(えん)
④ ふとんの 部屋(へや)	・人数(にんずう):6人(にん)まで ・食事(しょくじ):ついて います ・お金(かね):一人(ひとり) 15,000円(えん)

＊3才(さい)より 下(した)の 子(こ)どもは 人数(にんずう)に 入(い)れません。
＊食事(しょくじ)は あとから つける ことが できません。

Listening

問題用紙

N5
聴解
（30分）

注意
Notes

1. 試験が始まるまで、この問題用紙を開けないでください。
   Do not open this question booklet until the test begins.

2. この問題用紙を持って帰ることはできません。
   Do not take this question booklet with you after the test.

3. 受験番号と名前を下の欄に、受験票と同じように書いてください。
   Write your examinee registration number and name clearly in each box below as written on your test voucher.

4. この問題用紙は、全部で14ページあります。
   This question booklet has 14 pages.

5. この問題用紙にメモをとってもいいです。
   You may make notes in this question booklet.

受験番号 Examinee Registration Number	

名前 Name	

もんだい1

もんだい1では、はじめに しつもんを きいて ください。それから はなしを
きいて、もんだいようしの 1から4の なかから、いちばん いい ものを
ひとつ えらんで ください。

れい

1ばん

1　あたたかい　コーヒー
2　あたたかい　こうちゃ
3　つめたい　コーヒー
4　つめたい　こうちゃ

2ばん

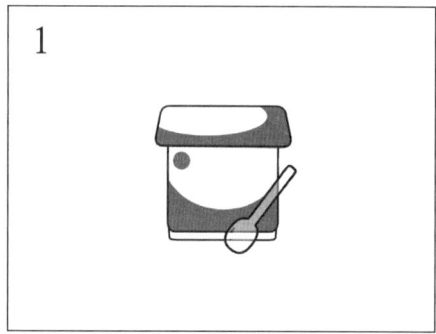

3ばん

1　1さつ
2　2さつ
3　3さつ
4　5さつ

4ばん

5ばん

1 いっかいの　101ばん
2 いっかいの　103ばん
3 さんがいの　301ばん
4 さんがいの　303ばん

6ばん

1 きいろ
2 しろ
3 みどり
4 あお

7ばん

1 ア
2 ア、イ
3 イ、ウ
4 ア、イ、ウ

もんだい 2

もんだい2では、はじめに しつもんを きいて ください。それから はなしを きいて、もんだいようしの 1から4の なかから、いちばん いい ものを ひとつ えらんで ください。

れい

1　うみ
2　やま
3　びじゅつかん
4　えいがかん

1ばん

2ばん

1 いぬ

2 ねこ

3 いぬと さかな

4 ねこと さかな

3ばん

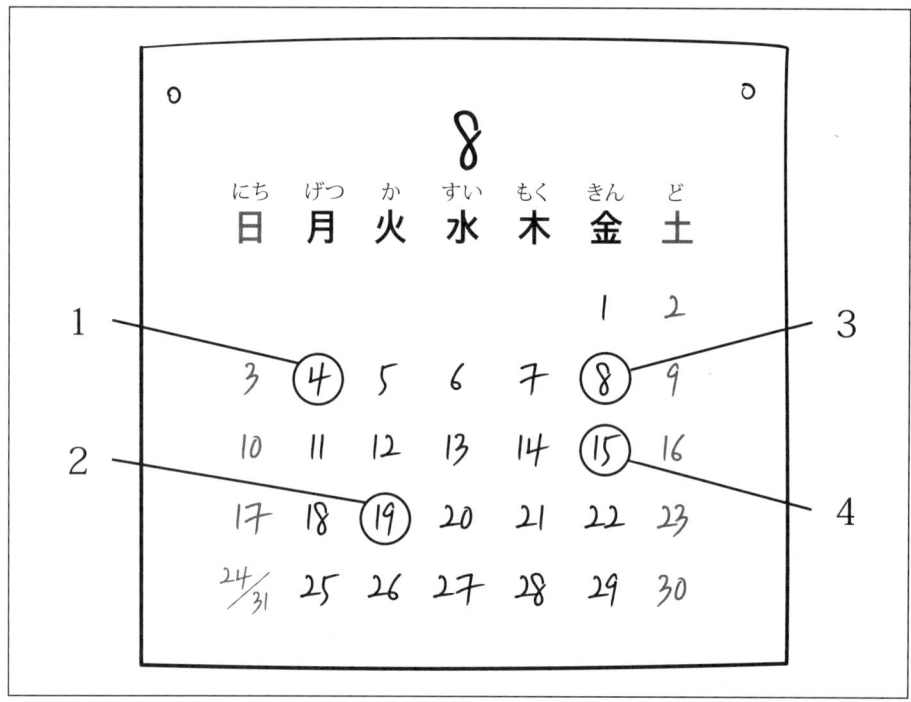

4ばん

1 すいえい
2 バスケ
3 テニス
4 ランニング

5ばん

1　4まい
2　5まい
3　6まい
4　7まい

6ばん

1　ひとり
2　ともだち
3　はは
4　あね

もんだい3

もんだい3では、えを みながら しつもんを きいて ください。
➡(やじるし)の ひとは なんと いいますか。1から3の なかから、いちばん いい ものを ひとつ えらんで ください。

れい

1ばん

2ばん

3ばん

4ばん

5ばん

もんだい４

もんだい４は、えなどが ありません。ぶんを きいて、１から３の なかから、いちばん いい ものを ひとつ えらんで ください。

- メモ -

무료 온라인 실전모의고사 · 학습자료 제공
해커스일본어 japan.Hackers.com

무료 온라인 실전모의고사·학습자료 제공
해커스일본어 japan.Hackers.com

해커스 JLPT 실전모의고사 N5

제2회 실전모의고사

잠깐! 실전모의고사 전 아래 사항을 꼭 확인하세요.

1. 휴대전화의 전원을 끄셨나요? 예 ☐
2. OMR, 연필, 지우개, 시계를 준비하셨나요? 예 ☐
   * OMR은 문제집 뒤에 있습니다.
3. 청해 실전모의고사용 MP3를 들을 준비가 되셨나요? 예 ☐

모든 준비가 완료되었으면 모의고사를 시작합니다.

※ 실전모의고사를 풀어본 후, 회차별 단어·문형(해설집 p.74)으로 단어와 문형을 복습해 보세요.

Language Knowledge（Vocabulary）　もんだいようし

N5

げんごちしき（もじ・ごい）

（20ぷん）

ちゅうい
Notes

1. しけんが はじまるまで、この もんだいようしを あけないで ください。
   Do not open this question booklet until the test begins.

2. この もんだいようしを もって かえる ことは できません。
   Do not take this question booklet with you after the test.

3. じゅけんばんごうと なまえを したの らんに、じゅけんひょうと おなじように かいて ください。
   Write your examinee registration number and name clearly in each box below as written on your test voucher.

4. この もんだいようしは、ぜんぶで 5ページ あります。
   This question booklet has 5 pages.

5. もんだいには かいとうばんごうの 1 、 2 、 3 … が あります。
   かいとうは、かいとうようしに ある おなじ ばんごうの ところに マークして ください。
   One of the row numbers 1 , 2 , 3 … is given for each question. Mark your answer in the same row of the answer sheet.

| じゅけんばんごう　Examinee Registration Number | |

| なまえ　Name | |

もんだい1 ＿＿＿の　ことばは　ひらがなで　どう　かきますか。
1・2・3・4から　いちばん　いい　ものを　ひとつ　えらんで
ください。

(れい)　姉は　しょうがっこうの　せんせいです。
　　　1　そふ　　　　2　そぼ　　　　3　あね　　　　4　あに

(かいとうようし)　(れい)　① ② ● ④

1　この　ジュースは　百円です。
　　1　じゅうえん　　2　ひゃくえん　　3　せんえん　　4　まんえん

2　はじめて　にほんに　来ました。
　　1　きました　　2　きいました　　3　くました　　4　くるました

3　こどもが　庭で　あそんで　います。
　　1　うみ　　　2　やま　　　3　にわ　　　4　みち

4　いもうとは　外国の　だいがくを　でました。
　　1　がいくに　　2　がいこく　　3　かいくに　　4　かいこく

5　もう　読みましたか。
　　1　たのみましたか　2　やすみましたか　3　のみましたか　4　よみましたか

6　かいしゃの　トイレは　少ないです。
　　1　すくない　　2　たりない　　3　きたない　　4　あぶない

7　さいふに　お金が　ありません。
　　1　おきん　　2　おぎん　　3　おかね　　4　おがね

もんだい2 ＿＿＿の ことばは どう かきますか。1・2・3・4から いちばん いい ものを ひとつ えらんで ください。

（れい）　ひがしの　そらが　あかるく　なりました。

　　　　　　1　軍　　　　2　車　　　　3　東　　　　4　束

　　（かいとうようし）　（れい）　① ② ● ④

8　バスで　はくぶつかんへ　いきましょう。
　　1　開きましょう　　2　行きましょう　　3　話きましょう　　4　仕きましょう

9　おかしを　はんぶん　たべました。
　　1　夫分　　　2　夫切　　　3　半分　　　4　半切

10　がくせいが　じゅぎょうを　うけて　います。
　　1　学生　　　2　子生　　　3　学正　　　4　子正

11　ちちと　ははは　としが　おなじです。
　　1　可じ　　　2　司じ　　　3　向じ　　　4　同じ

12　らいげつ、となりの　まちに　ひっこします。
　　1　来月　　　2　先月　　　3　来週　　　4　先週

もんだい3 （　）に なにが はいりますか。1・2・3・4から いちばん いい ものを ひとつ えらんで ください。

(れい)　さむいので、まどを（　　　）ください。
　　　　1　しめて　　　2　もって　　　3　とって　　　4　けして

(かいとうようし)　(れい)　● ② ③ ④

[13]　きょうは（　　　）が ふりますから、かさを もって いって ください。
　　　1　はれ　　　2　あめ　　　3　くも　　　4　そら

[14]　にもつを いすの うえに（　　　）いいですか。
　　　1　とっても　　　2　とじても　　　3　おいても　　　4　いれても

[15]　へやが くらい ときは、（　　　）を つけましょう。
　　　1　まど　　　2　でんき　　　3　かぎ　　　4　きかい

[16]　いま（　　　）で ほうそうして いる ドラマが とても おもしろいです。
　　　1　ロボット　　　2　カメラ　　　3　クラス　　　4　テレビ

[17]　そぼは ねこと いぬを 1（　　　）ずつ かって います。
　　　1　にん　　　2　ぴき　　　3　だい　　　4　まい

[18]　やまに（　　　）、うつくしい けしきを みながら おべんとうを たべました。
　　　1　おきて　　　2　たてて　　　3　のぼって　　　4　とおって

もんだい4 ＿＿＿の ぶんと だいたい おなじ いみの ぶんが あります。1・2・3・4から いちばん いい ものを ひとつ えらんで ください。

(れい)　かいしゃは ちかいですか。
　　1　べんきょうを する ところは ちかいですか。
　　2　ごはんを たべる ところは ちかいですか。
　　3　おかねを だす ところは ちかいですか。
　　4　しごとを する ところは ちかいですか。

(かいとうようし)　(れい)　① ② ③ ●

19　いもうとは いま でかけて います。
　　1　いもうとは いま おふろに います。
　　2　いもうとは いま おふろに いません。
　　3　いもうとは いま いえに います。
　　4　いもうとは いま いえに いません。

20　スーパーで りんごを いつつ かいました。
　　1　スーパーで りんごを 1こ かいました。
　　2　スーパーで りんごを 3こ かいました。
　　3　スーパーで りんごを 5こ かいました。
　　4　スーパーで りんごを 7こ かいました。

21　くつしたを せんたくして ください。
　　1　くつしたを あらって ください。
　　2　くつしたを さがして ください。
　　3　くつしたを はいて ください。
　　4　くつしたを えらんで ください。

Language Knowledge (Grammar)・Reading

もんだいようし
問題用紙

N5

言語知識（文法）・読解

（40ぷん）

注意
Notes

1. 試験が始まるまで、この問題用紙をあけないでください。
   Do not open this question booklet until the test begins.

2. この問題用紙を持ってかえることはできません。
   Do not take this question booklet with you after the test.

3. 受験番号となまえをしたの欄に、受験票とおなじようにかいてください。
   Write your examinee registration number and name clearly in each box below as written on your test voucher.

4. この問題用紙は、全部で13ページあります。
   This question booklet has 13 pages.

5. 問題には解答番号の 1 、 2 、 3 … があります。
   解答は、解答用紙にあるおなじ番号のところにマークしてください。
   One of the row numbers 1, 2, 3 … is given for each question. Mark your answer in the same row of the answer sheet.

受験番号 Examinee Registration Number	

なまえ　Name	

もんだい1 （　　）に 何を 入れますか。1・2・3・4から いちばん いい ものを 一つ えらんで ください。

（れい）　わたしは　えいご（　　）すきです。
　　　　　1　の　　　　2　を　　　　3　が　　　　4　に

（かいとうようし）　（れい）　① ② ● ④

[1] 一か月（　　）一かい　レストランで　夕食を　食べます。
　　1　の　　　　2　で　　　　3　も　　　　4　に

[2] 山下「林さん、かさを　わすれて　いますよ。」
　　林「その　かさは　わたし（　　）じゃありません。」
　　1　は　　　　2　の　　　　3　が　　　　4　と

[3] やさいは　にんじん（　　）苦手です。たいていは　好きです。
　　1　だけ　　　　2　しか　　　　3　ほど　　　　4　より

[4] A「エレベーターが　どこに　ある（　　）わかりますか。」
　　B「まっすぐ　すすんで　右です。」
　　A「ありがとうございます。」
　　1　を　　　　2　と　　　　3　か　　　　4　し

[5] 週末には　友だち（　　）家族と　時間を　すごします。
　　1　や　　　　2　で　　　　3　へ　　　　4　など

6 （ぼうしの 店で）
川西「すみません、ぼうしを かぶって みても いいですか。」
店の 人「もちろんです。かがみは（　　　）に あります。」
　　1　そんな　　　　2　これ　　　　　3　どの　　　　　4　あちら

7 はたらいて いる スーパーは 家から 近くて、（　　　）やすいです。
　　1　かよい　　　　2　かよう　　　　3　かよって　　　4　かよった

8 しょうらい（　　　）で なやんで いて、両親に そうだんしました。
　　1　のほう　　　　2　のあいだ　　　3　のとき　　　　4　のこと

9 （学校で）
リン「私が 書いた 日本語の 作文を（　　　）。」
先生「はい。いまは いそがしいので、あとで 見ますね。」
リン「おねがいします。」
　　1　見る ことが できます　　　　2　見るつもりです
　　3　見て くださいませんか　　　　4　見るでしょうか

もんだい2   ★ に 入る ものは どれですか。1・2・3・4から いちばん いい ものを 一つ えらんで ください。

(もんだいれい)

A「きのうは 何を しましたか。」
B「きのうは としょかん ＿＿＿ ＿＿＿ ★ ＿＿＿ べんきょうを しました。」

　1　の　　　　2　にほんご　　　　3　行って　　　　4　に

(こたえかた)

1. ただしい 文を つくります。

> A「きのうは 何を しましたか。」
> B「きのうは としょかん ＿＿＿ ＿＿＿ ★ ＿＿＿ べんきょう を しました。」
> 　　　　4　に　3　行って　2　にほんご　1　の

2. ★ に 入る ばんごうを くろく ぬります。

(かいとうようし)　(れい)　① ● ③ ④

10　(台所で)

A「あじは どうですか。」
B「うすいですから、しお ＿＿＿ ★ ＿＿＿ ＿＿＿ か。」

　1　みます　　　2　を　　　　3　ちょっと　　　4　足して

11　そふに 1000円 もらいました。そのあと、店に 行って ノートを ＿＿＿ ＿＿＿ ★ ＿＿＿ 買いました。

　1　ペンを　　　2　と　　　　3　1本　　　　4　1さつ

12 私と 兄は サッカーを ならって います。____ ____ ★ ____ ほうが 上手です。

　　1　私　　　　2　兄の　　　　3　も　　　　4　より

13 15時から 会議が 始まります。会議 ____ ____ ★ ____ して ください。

　　1　コピー　　2　前に　　　　3　しりょうを　　4　の

もんだい3 14 から 17 に 何を 入れますか。ぶんしょうの いみを かんがえて、1・2・3・4から いちばん いい ものを 一つ えらんで ください。

ソフィアさんと ジェイコブさんは さくぶんを 書いて、クラスの みんなの 前で 読みました。

(1) ソフィアさんの さくぶん

しゅうまつ、ともだちと 自転車で 海に 行きました。少し 遠かったですが、天気が よくて きもちよかったです。海は 空と 同じ きれいな 青色でした。 14 、海は たいようの ひかりで きらきらして いました。けしきを 見ながら ともだちと いろんな 話を しました。いい 一日でした。また、天気が いい ときに 15 。

(2) ジェイコブさんの さくぶん

休みの 日は ギターを ひきます。ギターは 昔、父が たんじょうびに 16 。それから ギターが しゅみに なり、日本に 来る ときも 持って 来ました。
今は「さくら」 17 いう 歌を れんしゅうして います。この 歌は はやくて ひくのが むずかしいです。でも、父が 好きな 歌だから がんばって います。

14

1 それに 2 だから 3 または 4 しかし

15

1 行って います 2 行って おきます
3 行きたいです 4 行きましょう

16

1 あげました 2 くれました 3 もらいました 4 しました

17

1 に 2 が 3 で 4 と

もんだい4 つぎの (1)と (2)の ぶんしょうを 読んで、しつもんに こたえて ください。こたえは、1・2・3・4から いちばん いい ものを 一つ えらんで ください。

(1)
(会社で)
岡田さんの 机の 上に この メモが あります。

岡田さん

今日の ごご、一かいの うけつけに にもつが とどきます。ペンと ファイルが なくなりましたから、ペンを 20本と ファイルを 5つ たのみました。はこの なかに ただしい かずが あるか かぞえて ください。ファイルは すぐに 使うので、たなに 入れなくても いいです。

村上

---

18 村上さんは 岡田さんに 何が いちばん 言いたいですか。

1 たのんだ ペンと ファイルが 今日の ごごに とどきます。
2 ペンを 20本と ファイルを 5つ たのみました。
3 とどいた ペンと ファイルの かずが ただしいか かぞえて ください。
4 とどいた ペンと ファイルは たなに 入れないで ください。

(2)

　きのう、電車に のって ひがし駅に 行きました。電車を おりた あと、駅の 出口が どこに あるか 見つける ことが できませんでした。わたしは 近くに いた 人に「出口は どこですか。」と 聞きました。その 人は「あっちです。」と 言いました。そして、わたしは 出口を 見つける ことが できました。とても うれしかったです。

19 どうして とても うれしかったですか。
1　人に 聞いて ひがし駅を 見つけられたから
2　人に 聞いて 駅の 出口を 見つけられたから
3　人に 聞かないで ひがし駅を 見つけられたから
4　人に 聞かないで 駅の 出口を 見つけられたから

もんだい5 つぎの ぶんしょうを 読んで、しつもんに こたえて ください。こたえは、1・2・3・4から いちばん いい ものを 一つ えらんで ください。

　クリスマスに クリスマスケーキが 人気の カフェに 行きました。その 店の ケーキの 写真を 見て、食べたいと 思ったからです。

　最初は 母と 二人で 行く 予定でした。しかし、父の 仕事が はやく 終わって、みんなで 行くことが できました。<u>よかったです。</u>
　　　　　　　　　　　　　　　　　　　　　　　　　　　　　　　　　①

　店の 中には お客さんが いっぱい いました。店の 人に「クリスマスケーキを 一つと、コーヒーを 三ばい ください。」と 言いましたが、「すみません。ケーキは よやくした 人しか 食べることが できません。」と 言われました。

　それで、ケーキではなくて プリンを たのみました。プリンも おいしかったですが、すこし ざんねんでした。<u>来年は よやくして 行きます。</u>
　　　　　　　　　　　　　　　　　　　　　②

20 どうして ①よかったですか。

1 母と 二人で 行く ことが できたから
2 父と 二人で 行く ことが できたから
3 母と 父が 二人で 行く ことが できたから
4 母と 父と 三人で 行く ことが できたから

21 どうして ②来年は よやくして 行きますか。

1 カフェに お客さんが いっぱい いたから
2 カフェで にんきの クリスマスケーキが 食べたいから
3 カフェで おいしい コーヒーが 飲みたいから
4 カフェに プリンしか 売って いなかったから

もんだい6 右の ページを 見て、下の しつもんに こたえて ください。
こたえは、1・2・3・4から いちばん いい ものを 一つ えらんで ください。

[22] 山本さんは みかんと ぎゅうにくが 買いたいです。いつ どこで 買うのが 安いですか。

1　28日(火)に　③と、29日(水)に　④
2　28日(火)に　③と、30日(木)に　①
3　29日(水)に　④と、30日(木)に　②
4　30日(木)に　①と②

28日(火)、29日(水)、30日(木)
この 食べものは この 日が 安い！

---

①ひかりスーパー
朝9:00〜夜9:00

28日(火)
　たまご　　　　　　　　　170円
30日(木)
　ぎゅうにく　　　　　　　610円
　にんじん　　　　　　　　259円

---

②やおや　もり
朝9:00〜夜8:00

28日(火)〜30日(木)の3日間
　にんじん　　　　　　　　230円
30日(木)
　みかん　　　　　　　　　650円
　バナナ　　　　　　　　　139円

---

③ABCスーパー
24時間えいぎょう

28日(火)〜30日(木)の3日間
　ぎゅうにゅう　　　　　　275円
　さとう　　　　　　　　　360円
28日(火)だけ
　みかん　　　　　　　　　599円

---

④おおしまや
朝10:00〜夜10:00

28日(火)
　チーズ　　　　　　　　　425円
29日(水)
　とりにく　　　　　　　　276円
　ぎゅうにく　　　　　　　590円
※30日(木)は　お休みです。

Listening

問題用紙

N5

聴解

(30分)

注　意
Notes

1. 試験が始まるまで、この問題用紙を開けないでください。
   Do not open this question booklet until the test begins.

2. この問題用紙を持って帰ることはできません。
   Do not take this question booklet with you after the test.

3. 受験番号と名前を下の欄に、受験票と同じように書いてください。
   Write your examinee registration number and name clearly in each box below as written on your test voucher.

4. この問題用紙は、全部で14ページあります。
   This question booklet has 14 pages.

5. この問題用紙にメモをとってもいいです。
   You may make notes in this question booklet.

受験番号　Examinee Registration Number	

名前　Name	

もんだい1

もんだい1では、はじめに しつもんを きいて ください。それから はなしを きいて、もんだいようしの 1から4の なかから、いちばん いい ものを ひとつ えらんで ください。

れい

1ばん

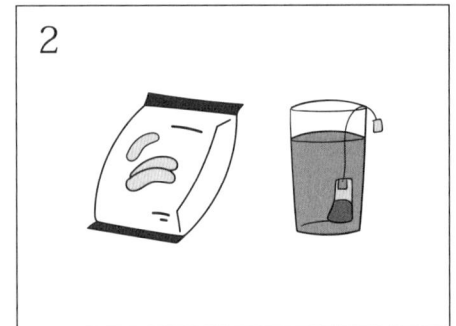
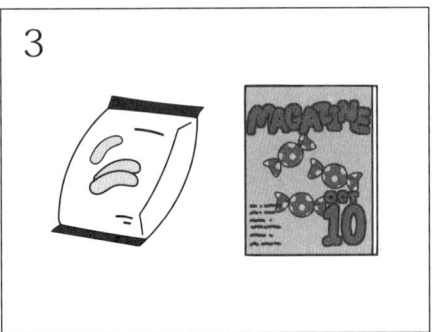
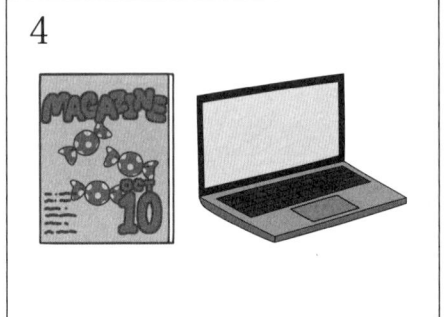

2ばん

3ばん

1　3にん
2　4にん
3　5にん
4　6にん

4ばん

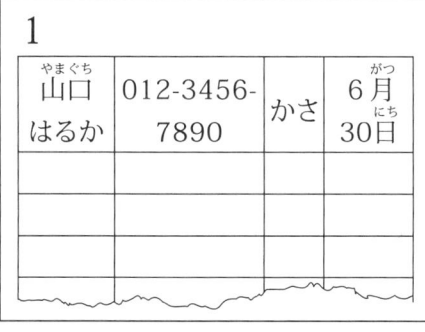

5ばん

1　200えん
2　250えん
3　500えん
4　5000えん

6ばん

1　かようび
2　すいようび
3　もくようび
4　きんようび

7 ばん

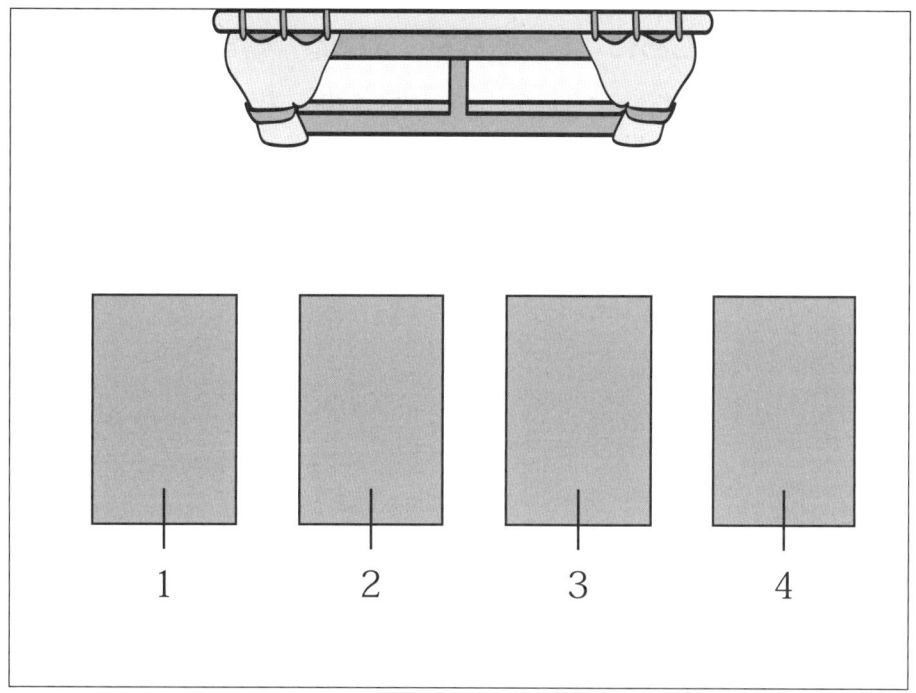

もんだい2

　もんだい2では、はじめに　しつもんを　きいて　ください。それから はなしを　きいて、もんだいようしの　1から4の　なかから、いちばん いい　ものを　ひとつ　えらんで　ください。

れい

1　うみ
2　やま
3　びじゅつかん
4　えいがかん

1ばん

2ばん

1　あに

2　ともだち

3　あね

4　はは

3ばん

1　9がつ　18にち
2　9がつ　19にち
3　9がつ　20か
4　9がつ　22にち

4ばん

1　みずうみ
2　うみ
3　くだもの
4　ジュース

5ばん

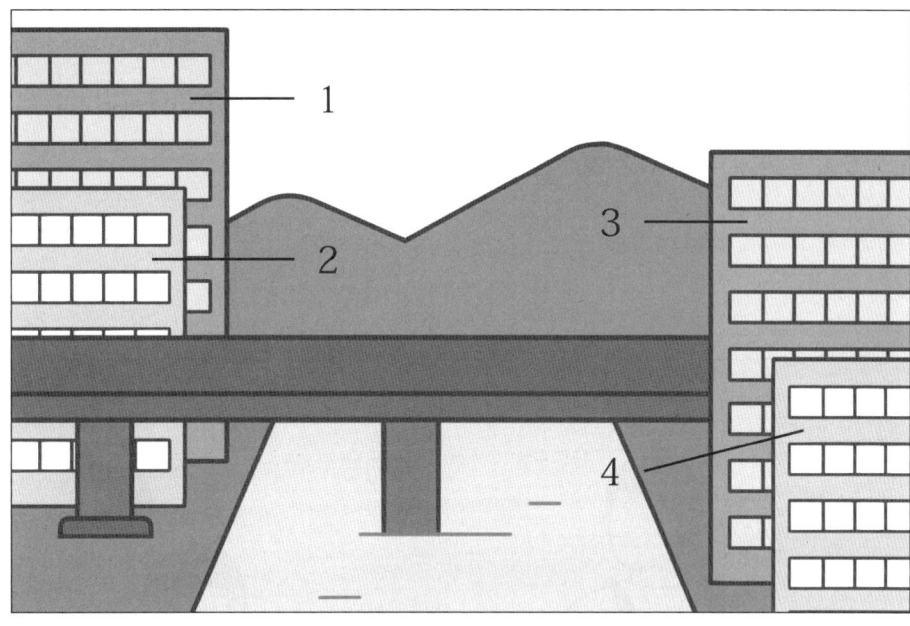

6ばん

もんだい3

もんだい3では、えを みながら しつもんを きいて ください。
➡(やじるし)の ひとは なんと いいますか。1から3の なかから、いちばん いい ものを ひとつ えらんで ください。

れい

1ばん

2ばん

3ばん

4ばん

5ばん

もんだい４

もんだい４は、えなどが ありません。ぶんを きいて、１から３の なかから、いちばん いいものを ひとつ えらんで ください。

- メモ -

무료 온라인 실전모의고사·학습자료 제공
해커스일본어 japan.Hackers.com

무료 온라인 실전모의고사·학습자료 제공
해커스일본어 japan.Hackers.com

해커스 JLPT 실전모의고사 N5

제3회 실전모의고사

잠깐! 실전모의고사 전 아래 사항을 꼭 확인하세요.
1. 휴대전화의 전원을 끄셨나요? 예 ☐
2. OMR, 연필, 지우개, 시계를 준비하셨나요? 예 ☐
   * OMR은 문제집 뒤에 있습니다.
3. 청해 실전모의고사용 MP3를 들을 준비가 되셨나요? 예 ☐

모든 준비가 완료되었으면 모의고사를 시작합니다.

※ 실전모의고사를 풀어본 후, 회차별 단어·문형(해설집 p.74)으로 단어와 문형을 복습해 보세요.

Language Knowledge（Vocabulary） もんだいようし

N5

げんごちしき（もじ・ごい）

（20ぷん）

ちゅうい
Notes

1. しけんが はじまるまで、この もんだいようしを あけないで ください。
   Do not open this question booklet until the test begins.

2. この もんだいようしを もって かえる ことは できません。
   Do not take this question booklet with you after the test.

3. じゅけんばんごうと なまえを したの らんに、じゅけんひょうと おなじように かいて ください。
   Write your examinee registration number and name clearly in each box below as written on your test voucher.

4. この もんだいようしは、ぜんぶで 5ページ あります。
   This question booklet has 5 pages.

5. もんだいには かいとうばんごうの 1、2、3… が あります。
   かいとうは、かいとうようしに ある おなじ ばんごうの ところに マークして ください。
   One of the row numbers 1, 2, 3… is given for each question. Mark your answer in the same row of the answer sheet.

じゅけんばんごう　Examinee Registration Number	

なまえ　Name	

もんだい1 ＿＿＿の ことばは ひらがなで どう かきますか。
1・2・3・4から いちばん いい ものを ひとつ えらんで ください。

（れい） 姉は しょうがっこうの せんせいです。
　　　　1　そふ　　　　2　そぼ　　　　3　あね　　　　4　あに

（かいとうようし）　（れい）　① ② ● ④

---

1 あさ 七時に おきました。
　　1　いちじ　　　2　はちじ　　　3　しちじ　　　4　にちじ

2 かぜで 会社を やすみました。
　　1　がいしゃ　　2　かいしゃ　　3　がいじゃ　　4　かいじゃ

3 お父さんと いっしょに でかけました。
　　1　おかあさん　2　おにいさん　3　おねえさん　4　おとうさん

4 ちゃんと 聞いて ください。
　　1　きいて　　　2　かいて　　　3　おいて　　　4　あるいて

5 南口が どこか わかりますか。
　　1　なんぐち　　2　みなみぐち　3　なんぐし　　4　みなみぐし

6 アリさんは そう 答えました。
　　1　つたえました　2　おしえました　3　おぼえました　4　こたえました

7 それは ゆうめいな 話です。
　　1　はなし　　　2　え　　　　　3　うた　　　　4　ほん

もんだい2 ＿＿＿の ことばは どう かきますか。1・2・3・4から
いちばん いい ものを ひとつ えらんで ください。

（れい） ひがしの そらが あかるく なりました。

　　　　　1　軍　　　　　2　車　　　　　3　東　　　　　4　束

　　　（かいとうようし）　（れい）　① ② ● ④

[8] ともだちの うしろに ならびました。
　　1　行ろ　　　2　役ろ　　　3　彼ろ　　　4　後ろ

[9] がっこうの ぷーるは おおきいです。
　　1　プール　　2　ペール　　3　プーレ　　4　ペーレ

[10] まえの ドアから でて ください。
　　1　生て　　　2　出て　　　3　入て　　　4　着て

[11] この へやは あかるいですね。
　　1　月るい　　2　有るい　　3　明るい　　4　朋るい

[12] あたらしい しごとを はじめました。
　　1　任争　　　2　任事　　　3　仕争　　　4　仕事

もんだい3 （　　）に　なにが　はいりますか。1・2・3・4から　いちばん　いい　ものを　ひとつ　えらんで　ください。

（れい）　さむいので、まどを　（　　　）ください。

　　　　1　しめて　　　2　もって　　　3　とって　　　4　けして

（かいとうようし）　（れい）　● ② ③ ④

13　ぶどうや　かぼちゃは　あきが　いちばん　おいしい（　　　）です。
　　1　たべもの　　　2　くだもの　　　3　かいもの　　　4　のみもの

14　ははは（　　　）で、ひとの　びょうきを　なおして　います。
　　1　かしゅ　　　2　いしゃ　　　3　けいかん　　　4　さっか

15　（　　　）が　あかですから、とまって　ください。
　　1　ばんごう　　　2　あんない　　　3　しんごう　　　4　とけい

16　くうこうで（　　　）を　なくして、アメリカりょこうに　いけませんでした。
　　1　パスポート　　　2　レポート　　　3　アパート　　　4　コンサート

17　ことしで　5（　　　）に　なる　むすこが　います。
　　1　ばん　　　2　まい　　　3　かい　　　4　さい

18　きょうの　じゅぎょうが　ぜんぶ（　　　）から、いえに　かえります。
　　1　わたりました　　　2　おわりました　　　3　あけました　　　4　しめました

もんだい4 ＿＿＿の ぶんと だいたい おなじ いみの ぶんが あります。1・2・3・4から いちばん いい ものを ひとつ えらんで ください。

（れい）　かいしゃは　ちかいですか。
1　べんきょうを　する　ところは　ちかいですか。
2　ごはんを　たべる　ところは　ちかいですか。
3　おかねを　だす　ところは　ちかいですか。
4　しごとを　する　ところは　ちかいですか。

（かいとうようし）　（れい）　① ② ③ ●

19　しゅうまつは　てんきが　よかったですね。
1　しゅうまつは　あめでしたね。
2　しゅうまつは　はれでしたね。
3　しゅうまつは　ゆきでしたね。
4　しゅうまつは　くもりでしたね。

20　この　かばんは　ちょっと　たかいです。
1　この　かばんは　すこし　たかいです。
2　この　かばんは　たいへん　たかいです。
3　この　かばんは　たぶん　たかいです。
4　この　かばんは　もちろん　たかいです。

21　じゅぎょうで　あたらしい　かんじを　ならいました。
1　じゅぎょうで　あたらしい　かんじを　かきました。
2　じゅぎょうで　あたらしい　かんじを　おぼえました。
3　じゅぎょうで　あたらしい　かんじを　べんきょうしました。
4　じゅぎょうで　あたらしい　かんじを　れんしゅうしました。

Language Knowledge (Grammar)・Reading

もんだいようし
問題用紙

N5

言語知識（文法）・読解

（40ぷん）

注意 Notes

1. 試験が始まるまで、この問題用紙をあけないでください。
   Do not open this question booklet until the test begins.
2. この問題用紙を持ってかえることはできません。
   Do not take this question booklet with you after the test.
3. 受験番号となまえをしたの欄に、受験票とおなじように かいてください。
   Write your examinee registration number and name clearly in each box below as written on your test voucher.
4. この問題用紙は、全部で13ページあります。
   This question booklet has 13 pages.
5. 問題には解答番号の 1 、 2 、 3 … があります。
   解答は、解答用紙にあるおなじ番号のところにマークしてください。
   One of the row numbers 1 , 2 , 3 … is given for each question. Mark your answer in the same row of the answer sheet.

受験番号 Examinee Registration Number

なまえ Name

もんだい1 （　）に 何を 入れますか。1・2・3・4から いちばん いい ものを 一つ えらんで ください。

（れい）　わたしは えいご（　）すきです。

　　　　　1　の　　　　2　を　　　　3　が　　　　4　に

（かいとうようし）　（れい）　① ② ● ④

1　赤い 花が ついた ネックレス（　）つまに あげました。
　　1　が　　　　2　を　　　　3　の　　　　4　で

2　ご飯を 3ばい（　）食べましたから おなかが いっぱいです。
　　1　だけ　　　2　と　　　　3　も　　　　4　しか

3　日本（　）家の 中で くつを はきません。
　　1　で　　　　2　に　　　　3　では　　　4　には

4　英語の レポートは 来週の 月曜日（　）出して ください。
　　1　までに　　2　にまで　　3　までと　　4　とまで

5　メニューの 中で（　）おすすめは ありますか。
　　1　何も　　　2　何か　　　3　何の　　　4　何に

6　かぞくの 中で、高校生の 弟が（　）せが 高いです。
　　1　たいてい　2　いちばん　3　たくさん　4　いろいろ

7 川北　「ピーターさんは（　　　）日本に　来ましたか。」
ピーター「小さい　ときから、日本の　まんがが　好きだからです。」
　　1　どうして　　　　2　どうやって　　　3　どんな　　　　4　どこか

8 （レストランで）
木村「メニューは　決まりましたか。」
岩田「私は　カレーを　たのみます。木村さんは？」
木村「私は　うどん（　　　）。」
　　1　では　ないです　2　に　なります　　3　に　します　　4　と　言います

9 ぶちょうが　席に　いません。たぶん　いま　会議を（　　　）。
　　1　して　いました　　　　　　　2　して　いるでしょう
　　3　して　いません　　　　　　　4　して　いる　ほうです

もんだい2 ___★___ に 入る ものは どれですか。1・2・3・4から いちばん いい ものを 一つ えらんで ください。

(もんだいれい)

A「きのうは 何を しましたか。」
B「きのうは としょかん ___ ___ ___★___ ___ べんきょうを しました。」

1　の　　　　2　にほんご　　　　3　行って　　　　4　に

(こたえかた)

1. ただしい 文を つくります。

> A「きのうは 何を しましたか。」
> B「きのうは としょかん ___ ___ ___★___ ___ べんきょう を しました。」
> 　　　　　　　　　　4　に　3　行って　2　にほんご　1　の

2. ___★___ に 入る ばんごうを くろく ぬります。

(かいとうようし)　| (れい) | ① ● ③ ④ |

10　田中先生の じゅぎょう ___ ___ ___★___ ___ おもしろいです。

1　も　　　　2　は　　　　3　けれど　　　　4　むずかしい

11　むかし、___ ___ ___★___ ___ だいじに きて います。

1　もらった　　　2　りょうしんに　　　3　今も　　　4　スーツを

12 A「ピアノは いつ 始めましたか。」
B「私が ＿＿＿ ★ ＿＿＿ ＿＿＿ きました。」
1 ひいて　　　2 7さいの　　　3 ときから　　　4 ずっと

13 A「大阪へ 行くのに ひこうきと ＿＿＿ ＿＿＿ ★ ＿＿＿ か。」
B「たぶん ひこうきです。」
1 はやい　　　2 です　　　3 れっしゃと　　　4 どちらが

もんだい3 14 から 17 に 何を 入れますか。ぶんしょうの いみを かんがえて、1・2・3・4から いちばん いい ものを 一つ えらんで ください。

　チャイさんと ジュリアさんは さくぶんを 書いて、クラスの みんなの 前で 読みました。

(1) チャイさんの さくぶん

　このあいだ デパートで 買い物を しました。コートや 手ぶくろ 14 冬に ひつような 物を 買いました。私の 国は 一年中 あたたかいです。だから、今まで 15 。
　日本の 冬は 私の 国より だいぶ さむいと 聞きました。はやく コートを きて、手ぶくろを つけて 出かけたいです。

(2) ジュリアさんの さくぶん

　先週、スーパーへ おかしを 16 。こんど 一週間 国へ 帰ります。その とき、かぞくと 友だちに わたす おみやげを えらびました。
　私は 日本の おかしが 好きで、よく 食べます。食べて おいしかった 物を たくさん 買いました。 17 、食べて みたい 物も いくつか 買いました。みんな よろこぶと 思います。

14
1 くらい　　　2 など　　　3 だけ　　　4 から

15
1 持ちます　　　　　　　2 持ちません
3 持って いました　　　4 持って いませんでした

16
1 買いに 行きました　　2 買い はじめました
3 買う つもりでした　　4 買いおわりました

17
1 それで　　　2 または　　　3 つまり　　　4 それから

もんだい4 つぎの (1)と (2)の ぶんしょうを 読んで、しつもんに
こたえて ください。こたえは、1・2・3・4から いちばん いい
ものを 一つ えらんで ください。

(1)

明日、友だちの たんじょうびパーティーが あります。りょうりを 作って パーティーに 持って 行く つもりです。明日は 時間が ありませんから、このあと 作ります。きのう、りょうりに 使う 肉や やさいを 買いましたし、レシピも 母に ならいました。だから、おいしく できると 思います。

18 今日は 何を しますか。
1 りょうりを 持って パーティーに 行きます。
2 パーティーに 持って 行く りょうりを 作ります。
3 肉や やさいを 買いに 行きます。
4 りょうりの レシピを 母に ならいます。

(2)

金子さんが 島田さんに メールを 送りました。

島田さん

　11時から スター電気の 山口さんとの かいぎが ありますね。私も さんかしますが、ほかの 用事が あって 10分ほど おくれます。

　すみませんが、先に かいぎを はじめて おいて ください。山口さんには その ことを つたえて あります。

　では、よろしく おねがいします。

金子

---

19 島田さんは 金子さんが 会社に 着く 前に どうしますか。

1　山口さんと ほかの かいぎを します。
2　山口さんと 先に かいぎを はじめます。
3　山口さんに 金子さんが おくれる ことを つたえます。
4　金子さんに 山口さんが おくれる ことを つたえます。

もんだい5 つぎの ぶんしょうを 読んで、しつもんに こたえて ください。
こたえは、1・2・3・4から いちばん いい ものを 一つ えらんで ください。

これは リカさんが 書いた さくぶんです。

しゃしん

リカ

　私は 日本に 来てから よく しゃしんを とります。日本に 来る まえは あまり しゃしんが 好きでは なく、友だちと 会った ときに ときどき とるくらいでした。
　でも、日本に 来て、食べた ご飯や 道に さいて いる 花まで しゃしんに とって います。りょうしんに 送るからです。りょうしんは 私が 一人で 外国に すんで いる ことを しんぱいして います。でも、しゃしんを 見て あんしんできると 言いました。だから、少し めんどうでも とって いました。
　すると、だんだん しゃしんを とる ことが 好きに なりました。あとから 見て 楽しい ことに 気づいたからです。日本での せいかつも あと 3か月しか ありません。ここに いる あいだ、たくさん しゃしんを とりたいです。

[20] 「私」は とった しゃしんを どうしますか。
1 日本に いる 友だちに 送ります。
2 日本に いる りょうしんに 送ります。
3 「私」の 国に いる 友だちに 送ります。
4 「私」の 国に いる りょうしんに 送ります。

[21] どうして、たくさん しゃしんを とりたいですか。
1 りょうしんが しゃしんを 見て あんしんするから
2 りょうしんが しゃしんを 見るのが 好きだから
3 日本で とった しゃしんを あとから 見たいから
4 日本で とった しゃしんを 見るのが 好きだから

もんだい6 右の ページを 見て、下の しつもんに こたえて ください。
こたえは、1・2・3・4から いちばん いい ものを 一つ えらんで ください。

22 明日、学校で はくぶつかんに 行きます。てんきは 雨です。明日 何を もって 行きますか。

1 ペンと ぼうし
2 ペンと かさ
3 お金と ぼうし
4 お金と かさ

はくぶつかんに 行きます。

はくぶつかんに 行って、町の れきしを もっと しりましょう。

- ●時間
  9時に 学校を しゅっぱつします。
  8時30分までに 学校に 来て ください。
  雨が ふっても 行きます。

- ●もって くる もの
  ペン
  ぼうし
  天気が わるい ときは ぼうしの かわりに かさを もって きて ください。

- ●お金
  電車の お金が 500円 いります。
  はくぶつかんに 行く 前の 日に 先生に わたして ください。

本町学校

Listening

問題用紙

N5

聴解

(30分)

注意
Notes

1. 試験が始まるまで、この問題用紙を開けないでください。
   Do not open this question booklet until the test begins.

2. この問題用紙を持って帰ることはできません。
   Do not take this question booklet with you after the test.

3. 受験番号と名前を下の欄に、受験票と同じように書いてください。
   Write your examinee registration number and name clearly in each box below as written on your test voucher.

4. この問題用紙は、全部で14ページあります。
   This question booklet has 14 pages.

5. この問題用紙にメモをとってもいいです。
   You may make notes in this question booklet.

受験番号 Examinee Registration Number

名前 Name

もんだい1

もんだい1では、はじめに しつもんを きいて ください。それから はなしを きいて、もんだいようしの 1から4の なかから、いちばん いい ものを ひとつ えらんで ください。

れい

1ばん

2ばん

3ばん

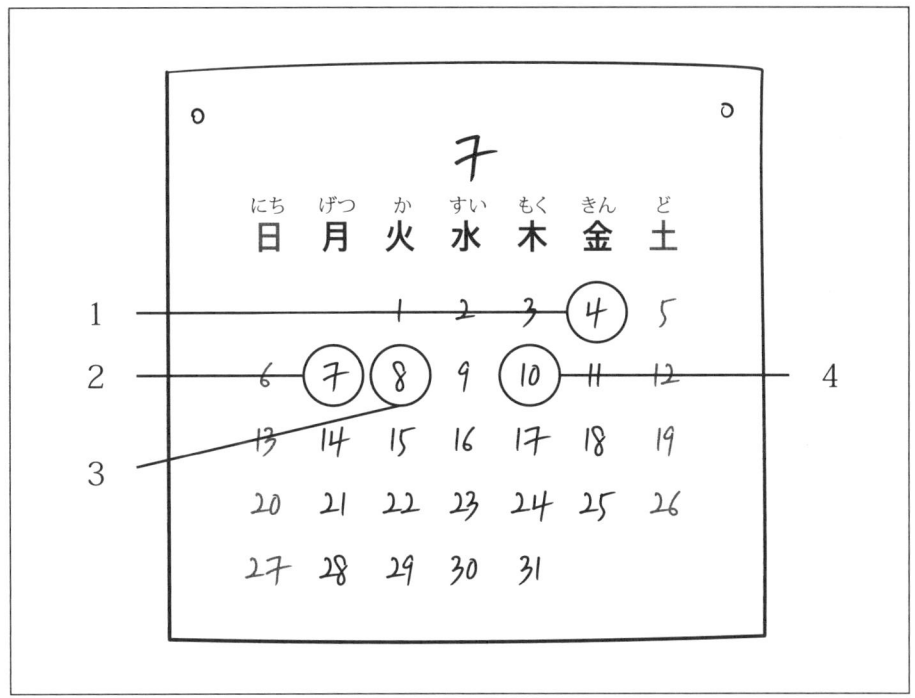

4ばん

1 ふくろ
2 しょるい
3 ペン
4 メモ

5ばん

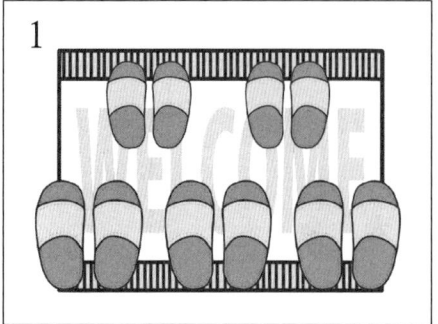
1

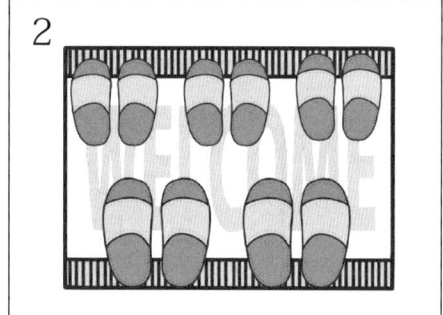
2

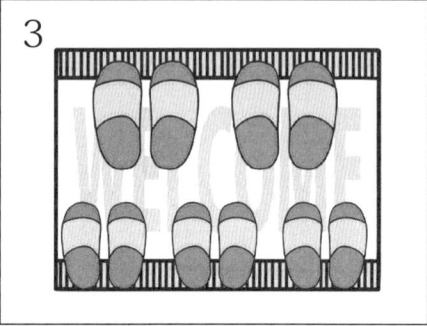
3

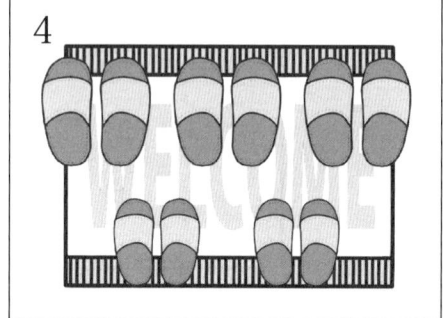
4

6ばん

1

2

3

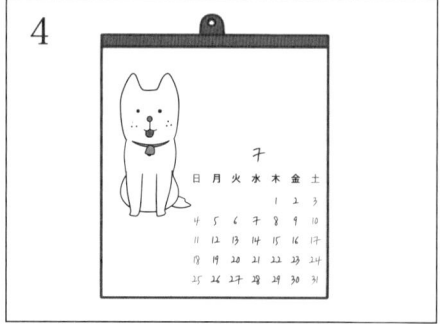
4

7ばん

1 いりぐち
2 でぐち
3 ちゅうしゃじょう
4 しょくどう

もんだい2

もんだい2では、はじめに しつもんを きいて ください。それから はなしを きいて、もんだいようしの 1から4の なかから、いちばん いい ものを ひとつ えらんで ください。

れい

1 うみ
2 やま
3 びじゅつかん
4 えいがかん

1ばん

2ばん

1 にほんの　えいが
2 くにの　えいが
3 にほんの　アニメ
4 くにの　アニメ

3ばん

4ばん

5ばん

6ばん

1　20か
2　24か
3　25か
4　26か

もんだい3

もんだい3では、えを みながら しつもんを きいて ください。
➡(やじるし)の ひとは なんと いいますか。1から3の なかから、いちばん いい ものを ひとつ えらんで ください。

れい

1ばん

2ばん

3ばん

4ばん

5ばん

もんだい４

もんだい４は、えなどが ありません。ぶんを きいて、１から３の なかから、いちばん いい ものを ひとつ えらんで ください。

- メモ -

무료 온라인 실전모의고사·학습자료 제공
해커스일본어 japan.Hackers.com

해커스 JLPT 실전모의고사 N5

정답표
OMR 구성 및 작성법
OMR

정답표 | 제1회 실전모의고사

언어지식(문자·어휘)

문제 1
1	4
2	2
3	2
4	3
5	2
6	4
7	1

문제 2
8	3
9	2
10	2
11	4
12	3

문제 3
13	4
14	1
15	2
16	1
17	3
18	4

문제 4
19	2
20	3
21	1

언어지식(문법)

문제 1
1	4
2	1
3	3
4	2
5	2
6	1
7	3
8	1
9	4

문제 2
10	3
11	1
12	2
13	4

문제 3
14	4
15	1
16	3
17	1

독해

문제 4
18	4
19	2

문제 5
20	3
21	1

문제 6
22	4

청해

문제 1
1	2
2	3
3	3
4	2
5	2
6	4
7	3

문제 2
1	2
2	4
3	2
4	1
5	2
6	3

문제 3
1	1
2	2
3	3
4	1
5	1

문제 4
1	2
2	1
3	3
4	2
5	1
6	3

정답표 | 제2회 실전모의고사

언어지식(문자·어휘)

문제 1
번호	답
1	2
2	1
3	3
4	2
5	4
6	1
7	3

문제 2
번호	답
8	2
9	3
10	1
11	4
12	1

문제 3
번호	답
13	2
14	3
15	2
16	4
17	2
18	3

문제 4
번호	답
19	4
20	3
21	1

언어지식(문법)

문제 1
번호	답
1	4
2	2
3	1
4	3
5	1
6	4
7	1
8	4
9	3

문제 2
번호	답
10	3
11	1
12	3
13	3

문제 3
번호	답
14	1
15	3
16	2
17	4

독해

문제 4
번호	답
18	3
19	2

문제 5
번호	답
20	4
21	2

문제 6
번호	답
22	1

청해

문제 1
번호	답
1	2
2	1
3	3
4	1
5	1
6	4
7	2

문제 2
번호	답
1	3
2	4
3	1
4	1
5	2
6	3

문제 3
번호	답
1	1
2	2
3	2
4	3
5	1

문제 4
번호	답
1	2
2	1
3	3
4	1
5	3
6	1

정답표 | 제3회 실전모의고사

언어지식(문자·어휘)

문제 1
1	3
2	2
3	4
4	1
5	2
6	4
7	1

문제 2
8	4
9	1
10	2
11	3
12	4

문제 3
13	1
14	2
15	3
16	1
17	4
18	2

문제 4
19	2
20	1
21	3

언어지식(문법)

문제 1
1	2
2	3
3	3
4	1
5	2
6	2
7	1
8	3
9	2

문제 2
10	3
11	4
12	3
13	1

문제 3
14	2
15	4
16	1
17	4

독해

문제 4
18	2
19	2

문제 5
20	4
21	3

문제 6
22	2

청해

문제 1
1	3
2	1
3	2
4	2
5	4
6	2
7	3

문제 2
1	4
2	2
3	2
4	2
5	1
6	4

문제 3
1	2
2	1
3	1
4	2
5	3

문제 4
1	3
2	2
3	1
4	2
5	1
6	3

OMR 구성 및 작성법

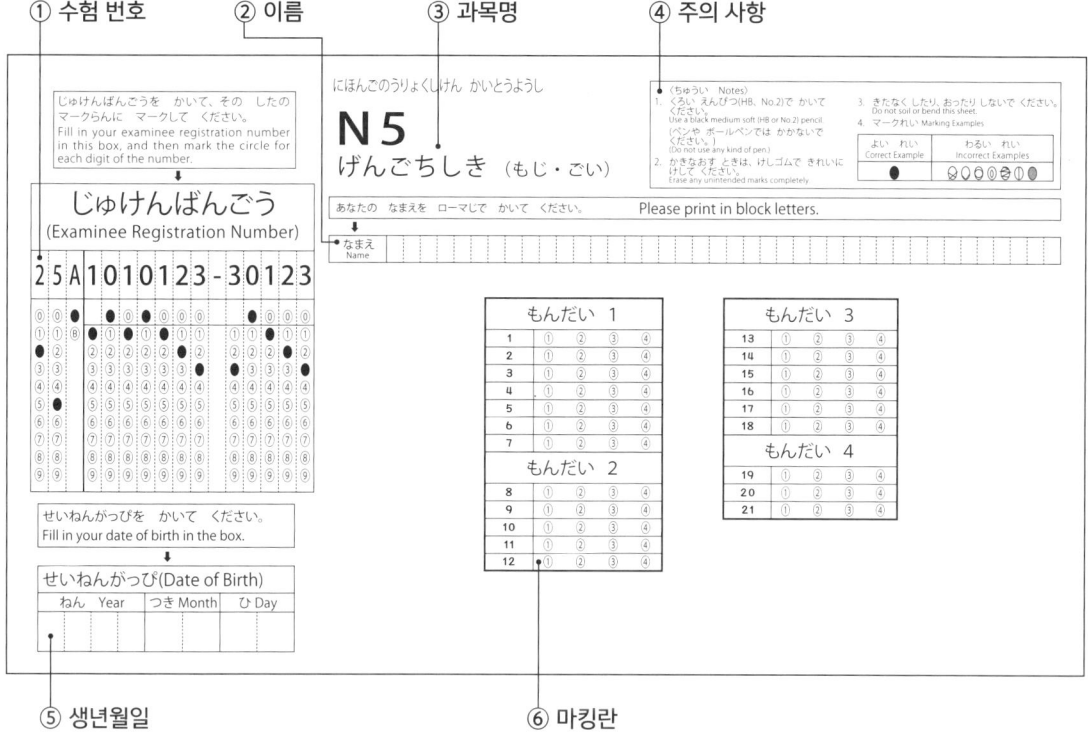

① 수험 번호   수험자의 수험 번호가 적혀 있는 칸입니다. 수험표의 수험 번호와 OMR의 수험 번호가 일치하는지 확인하세요.

② 이름   수험자의 이름이 적혀 있는 칸입니다. 수험표의 영문 이름과 OMR의 영문 이름이 일치하는지 확인하세요.

③ 과목명   시험 과목의 이름입니다. 시험 시작 전, 모든 과목의 OMR이 한꺼번에 배부되므로 잘못된 과목의 OMR을 사용하지 않도록 꼭 과목명을 확인하세요.

④ 주의 사항   OMR 작성 시의 주의 사항입니다. 꼭 숙지해서 마킹하세요.

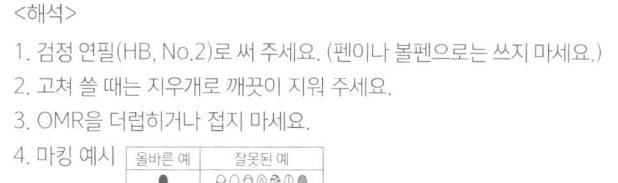

⑤ 생년월일   수험자의 생년월일을 기입하는 칸입니다. 생년월일 8자리를 기입해 주세요. 오늘 날짜를 작성하지 않도록 주의하세요.

⑥ 마킹란   정답을 마킹하는 칸입니다. 마킹란은 문제1, 문제2와 같이 문제별로 구분되어 있습니다. 올바른 문제와 문항에 정답을 마킹하세요.

무료 온라인 실전모의고사·학습자료 제공

해커스일본어 japan.Hackers.com

제1회 실전모의고사 언어지식(문자・어휘)

にほんごのうりょくしけん かいとうようし

N5 げんごちしき (もじ・ごい)

あなたの なまえを ローマじで かいて ください。

Please print in block letters.

なまえ
Name

〈ちゅうい Notes〉
1. くろい えんぴつ(HB、No.2)で かいて ください。
　Use a black medium soft (HB or No.2) pencil.
　(ペンや ボールペンでは かかないで ください。)
　(Do not use any kind of pen.)
2. かきなおす ときは、けしゴムで きれいに けして ください。
　Erase any unintended marks completely.
3. きたなく したり、おったり しないで ください。
　Do not soil or bend this sheet.
4. マークれい Marking Examples

よい れい Correct Example	わるい れい Incorrect Examples
●	⊘ ◌ ◍ ◐ ● ◓

もんだい 1

1	① ② ③ ④
2	① ② ③ ④
3	① ② ③ ④
4	① ② ③ ④
5	① ② ③ ④
6	① ② ③ ④
7	① ② ③ ④

もんだい 2

8	① ② ③ ④
9	① ② ③ ④
10	① ② ③ ④
11	① ② ③ ④
12	① ② ③ ④

もんだい 3

13	① ② ③ ④
14	① ② ③ ④
15	① ② ③ ④
16	① ② ③ ④
17	① ② ③ ④
18	① ② ③ ④

もんだい 4

19	① ② ③ ④
20	① ② ③ ④
21	① ② ③ ④

じゅけんばんごうを かいて、その したの マークらんに マークして ください。
Fill in your examinee registration number in this box, and then mark the circle for each digit of the number.

じゅけんばんごう
(Examinee Registration Number)

25A1010123-30123

せいねんがっぴを かいて ください。
Fill in your date of birth in the box.

せいねんがっぴ(Date of Birth)

ねん Year	つき Month	ひ Day

제1회 실전모의고사 연어지식(문법) · 독해

N5
げんごちしき (ぶんぽう)・どっかい

제1회 실전모의고사 청해

にほんごのうりょくしけん かいとうようし

N5
ちょうかい

	れい	1	2	3	4	5	6	7
もんだい1	●							

	れい	1	2	3	4	5	6
もんだい2				●			

	れい	1	2	3	4	5
もんだい3		●				

	れい	1	2	3	4	5	6
もんだい4							

じゅけんばんごう (Examinee Registration Number): 25A1010123-30123

せいねんがっぴ (Date of Birth)

무료 온라인 실전모의고사·학습자료 제공

해커스일본어 japan.Hackers.com

제2회 설전모의고사 언어지식 (문자·어휘)

にほんごのうりょくしけん かいとうようし

N5
げんごちしき (もじ・ごい)

(ちゅうい Notes)
1. くろい えんぴつ(HB、No.2)で かいて ください。
   Use a black medium soft (HB or No.2) pencil.
   (ペンや ボールペンでは かかないで ください。)
   (Do not use any kind of pen)
2. かきなおす ときは、けしゴムで きれいに けして ください。
   Erase any unintended marks completely.
3. きたなく したり、おったり しないで ください。
   Do not soil or bend this sheet.
4. マークれい Marking Examples

よい れい Correct Example	わるい れい Incorrect Examples
●	⊘ ○ ◑ ◐ ● ⦶

あなたの なまえを ローマじで かいて ください。
Please print in block letters.

なまえ Name	

じゅけんばんごう (Examinee Registration Number)

2 5 A 1 0 1 0 1 2 3 – 3 0 1 2 3

せいねんがっぴを かいて ください。
Fill in your date of birth in the box.

せいねんがっぴ(Date of Birth)

ねん Year	つき Month	ひ Day

もんだい 1

1	① ② ③ ④
2	① ② ③ ④
3	① ② ③ ④
4	① ② ③ ④
5	① ② ③ ④
6	① ② ③ ④
7	① ② ③ ④

もんだい 2

8	① ② ③ ④
9	① ② ③ ④
10	① ② ③ ④
11	① ② ③ ④
12	① ② ③ ④

もんだい 3

13	① ② ③ ④
14	① ② ③ ④
15	① ② ③ ④
16	① ② ③ ④
17	① ② ③ ④
18	① ② ③ ④

もんだい 4

19	① ② ③ ④
20	① ② ③ ④
21	① ② ③ ④

제2회 실전모의고사 언어지식(문법) · 독해

にほんごのうりょくしけん かいとうようし

N5
げんごちしき (ぶんぽう) · どっかい

あなたの なまえを ローマじで かいて ください。
Please print in block letters.

なまえ
Name

〈ちゅうい Notes〉
1. くろい えんぴつ(HB、No.2)で かいて ください。
   Use a black medium soft (HB or No.2) pencil.
   (ペンや ボールペンでは かかないで ください。)
   (Do not use any kind of pen.)
2. かきなおす ときは、けしゴムで きれいに けして ください。
   Erase any unintended marks completely.
3. きたなく したり、おったり しないで ください。
   Do not soil or bend this sheet.
4. マークれい Marking Examples

よい れい Correct Example	わるい れい Incorrect Examples
●	⊘ ○ ◐ ◑ ◒ ⦶

じゅけんばんごう
(Examinee Registration Number)

25A1010123-30123

せいねんがっぴを かいて ください。
Fill in your date of birth in the box.

せいねんがっぴ(Date of Birth)
ねん Year	つき Month	ひ Day

もんだい 1

1	①	②	③	④
2	①	②	③	④
3	①	②	③	④
4	①	②	③	④
5	①	②	③	④
6	①	②	③	④
7	①	②	③	④
8	①	②	③	④
9	①	②	③	④

もんだい 2

10	①	②	③	④
11	①	②	③	④
12	①	②	③	④
13	①	②	③	④

もんだい 3

14	①	②	③	④
15	①	②	③	④
16	①	②	③	④
17	①	②	③	④

もんだい 4

| 18 | ① | ② | ③ | ④ |
| 19 | ① | ② | ③ | ④ |

もんだい 5

| 20 | ① | ② | ③ | ④ |
| 21 | ① | ② | ③ | ④ |

もんだい 6

| 22 | ① | ② | ③ | ④ |

제2회 실전모의고사 청해

にほんごのうりょくしけん かいとうようし

N5
ちょうかい

(ちゅうい Notes)
1. くろい えんぴつ(HB、No.2)で かいて ください。
   Use a black medium soft (HB or No.2) pencil.
   (ペンや ボールペンでは かかないで ください。)
   (Do not use any kind of pen)
2. かきなおす ときは、けしゴムで きれいに けして ください。
   Erase any unintended marks completely
3. きたなく したり、おったり しないで ください。
   Do not soil or bend this sheet.
4. マークれい Marking Examples

よい れい Correct Example	わるい れい Incorrect Examples
●	⊘ ⊙ ◐ ⊖ ○ ◑

あなたの なまえを ローマじで かいて ください。 Please print in block letters.

なまえ
Name

もんだい 1

れい	①	②	③	④
1	●	②	③	④
2	①	②	③	④
3	①	②	③	④
4	①	②	③	④
5	①	②	③	④
6	①	②	③	④
7	①	②	③	④

もんだい 2

れい	①	②	③	④
1	①	②	③	④
2	①	②	③	●
3	①	②	③	④
4	①	②	③	④
5	①	②	③	④
6	①	②	③	④

もんだい 3

れい	①	②	③
1	●	②	③
2	①	②	③
3	①	②	③
4	①	②	③
5	①	②	③

もんだい 4

れい	①	②	③
1	①	②	③
2	①	●	③
3	①	②	③
4	①	②	③
5	①	②	③
6	①	②	③

じゅけんばんごう
(Examinee Registration Number)

2 5 A 1 0 1 0 1 2 3 — 3 0 1 2 3

じゅけんばんごうを かいて、その したの マークらんに マークして ください。
Fill in your examinee registration number in this box, and then mark the circle for each digit of the number.

せいねんがっぴ(Date of Birth)

せいねんがっぴを かいて ください。
Fill in your date of birth in the box.

ねん Year	つき Month	ひ Day

무료 온라인 실전모의고사·학습자료 제공
해커스일본어 japan.Hackers.com

제3회 실전모의고사 언어지식(문자·어휘)

N5
げんごちしき (もじ・ごい)

제3회 실전모의고사 언어지식(문법)・독해

にほんごのうりょくしけん かいとうようし

N5
げんごちしき (ぶんぽう)・どっかい

あなたの なまえを ローマじで かいて ください。

なまえ
Name

(ちゅうい Notes)
1. くろい えんぴつ (HB、No.2) で かいて ください。
   Use a black medium soft (HB or No.2) pencil.
   (ペンや ボールペンでは かかないで ください。)
   (Do not use any kind of pen.)
2. かきなおす ときは、けしゴムで きれいに けして ください。
   Erase any unintended marks completely.
3. きたなく したり、おったり しないで ください。
   Do not soil or bend this sheet.
4. マークれい Marking Examples

よい れい Correct Example	わるい れい Incorrect Examples
●	⊗ ○ ◐ ◑ ⦵ ◍

Please print in block letters.

じゅけんばんごう
(Examinee Registration Number)

2 5 A 1 0 1 0 1 2 3 - 3 0 1 2 3

せいねんがっぴを かいて ください。
Fill in your date of birth in the box.

せいねんがっぴ (Date of Birth)

ねん Year	つき Month	ひ Day

もんだい 1

1	①	②	③	④
2	①	②	③	④
3	①	②	③	④
4	①	②	③	④
5	①	②	③	④
6	①	②	③	④
7	①	②	③	④
8	①	②	③	④
9	①	②	③	④

もんだい 2

10	①	②	③	④
11	①	②	③	④
12	①	②	③	④
13	①	②	③	④

もんだい 3

14	①	②	③	④
15	①	②	③	④
16	①	②	③	④
17	①	②	③	④

もんだい 4

| 18 | ① | ② | ③ | ④ |
| 19 | ① | ② | ③ | ④ |

もんだい 5

| 20 | ① | ② | ③ | ④ |
| 21 | ① | ② | ③ | ④ |

もんだい 6

| 22 | ① | ② | ③ | ④ |

제3회 실전모의고사 청해

にほんごのうりょくしけん かいとうようし

N5
ちょうかい

あなたの なまえを ローマじで かいて ください。 Please print in block letters.

なまえ
Name

〈ちゅうい Notes〉
1. くろい えんぴつ(HB、No.2)で かいて ください。
   Use a black medium soft (HB or No.2) pencil.
   (ペンや ボールペンでは かかないで ください。)
   (Do not use any kind of pen)
2. かきなおす ときは、けしゴムで きれいに けして ください。
   Erase any unintended marks completely.
3. きたなく したり、おったり しないで ください。
   Do not soil or bend this sheet.
4. マークれい Marking Examples

よい れい Correct Example	わるい れい Incorrect Examples
●	⊘ ○ ◐ ◑ ○ ⦵

もんだい 1				
れい	①	②	●	④
1	①	②	③	④
2	①	②	③	④
3	①	②	③	④
4	①	②	③	④
5	①	②	③	④
6	①	②	③	④
7	①	②	③	④

もんだい 2				
れい	①	②	●	④
1	①	②	③	④
2	①	②	③	④
3	①	②	③	④
4	①	②	③	④
5	①	②	③	④
6	①	②	③	④

もんだい 3			
れい	①	●	③
1	①	②	③
2	①	②	③
3	①	②	③
4	①	②	③
5	①	②	③

もんだい 4			
れい	①	●	③
1	①	②	③
2	①	②	③
3	①	②	③
4	①	②	③
5	①	②	③
6	①	②	③

じゅけんばんごうを かいて、その したの マークらんに マークして ください。
Fill in your examinee registration number in this box, and then mark the circle for each digit of the number.

じゅけんばんごう
(Examinee Registration Number)

25A1010123-30123

せいねんがっぴを かいて ください。
Fill in your date of birth in the box.

せいねんがっぴ(Date of Birth)

ねん Year	つき Month	ひ Day

무료 온라인 실전모의고사·학습자료 제공
해커스일본어 japan.Hackers.com

-メモ-

-メモ-

해커스일본어 japan.Hackers.com

일본어 인강 · 교재 MP3 · 온라인 모의고사 ·
JLPT N5 단어+문형 암기장

일본어 교육 **1위** 해커스일본어
한경비즈니스 선정 2020 한국브랜드선호도 교육(온·오프라인 일본어) 부문 1위

일본어도 역시,
1위 해커스에서 끝내자!

일본어 교육 1위 해커스의
체계적인 커리큘럼

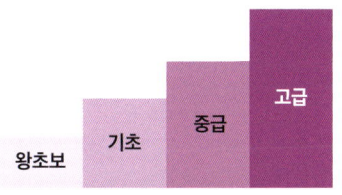

**히라가나부터 JLPT까지!
최단기 목표달성 가능**

76배가 넘는
폭발적인 성장률

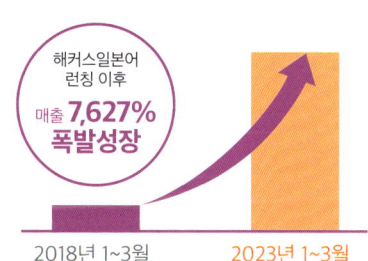

해커스일본어 런칭 이후
매출 **7,627%** 폭발성장

2018년 1~3월   2023년 1~3월

데일리
무료 학습자료

- ✓ 일본어 레벨테스트
- ✓ 매일 일본어 단어
- ✓ 매일 일본어 한자
- ✓ JLPT 필수어휘

다양하고 재미있는
단계별 학습시스템

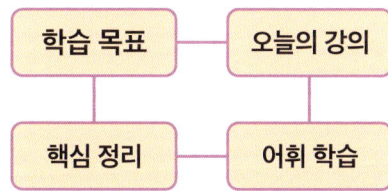

[7,627%] 해커스일본어 인강 섹션 매출액 기준 성장률([2018년 1~3월]vs[2023년 1월~3월])

일본어 교육 1위 해커스일본어
japan.Hackers.com

해커스일본어 사이트 바로 가기 ▶

해커스일본어를 선택한 선배들의
일본어 실력 수직상승 비결!

해커스일본어와 함께라면
일본어 실력상승의 주인공은 바로 여러분 입니다.

"

답답한 마음을 마치 사이다같이 뚫어주는 꿀팁!

해커스일본어 수강생 이*희

해커스일본어를 통해 공부하기 시작하니 그동안 잃었던 방향을 찾고 꽉 막힌 미로 속에서 지도를 찾은 기분이었고, 덕분에 혼자 공부를 하면서도 아주 만족하면서 공부를 할 수 있었던 것 같습니다. 특히나 **혼자 책으로 공부했다면 절대 몰랐을 여러 선생님들의 설명들이 답답한 마음을 마치 사이다같이 뚫어주셔서** 꿀팁들이 나올 때마다 마음속으로 정말 환호를 질렀습니다.

 해커스일본어 수강생 오*혜

일본어 왕초보도 JLPT 자격증을 취득할 수 있었습니다.

한자의 뜻과 외우는 방법과 그 한자의 발음 등을 하나하나 자세하게 설명해 주셨고 그림과 함께 이해하기 쉽도록 강의를 진행해 주셨어요. 덕분에 한자가 들어간 단어를 보면 어느 정도 왜 이 단어가 만들어졌는지, 정확하겐 모르지만 대충 어떠한 단어겠거니 하는 유추가 가능해졌고 그게 JLPT의 시험에 많은 도움이 되었습니다.

한자를 보면 바로 나올 정도로 기억이 오래가요!

해커스일본어 수강생 감*환

해커스일본어 강의 덕에 한자들을 단순 암기로 접근하는 것이 아닌 그림으로 연상시켜 외우게 되었습니다. 그 결과, **한자에 대한 부담과 스트레스는 줄어들었고 한 번 외운 한자가 단순 암기로 했을 때보다 기억에 훨씬 더 오래 남게 되었습니다.**

 해커스일본어 수강생 황*희

일본어 한자 걱정 따위는 하지 않게 되었습니다!

강사님이 꼭 알아두면 좋은 한자나 닮아서 헷갈릴 수 있는 한자 등 중요한 부분만 딱딱 짚어서, 가끔 재밌는 예시도 들어주시면서 쉽게 설명해 주셔서 외우기 어려운 한자들도 쏙쏙 잘 이해되더라구요! 강사님 덕분에 한자를 외우는데 점점 재미도 들리기 시작했고, 한자 때문에 막막하기만 하던 독해 실력도 늘어나서 일석이조 같다는 생각이 들었습니다.

"

해커스일본어
japan.Hackers.com

더 많은 합격수기가 궁금하다면? ▶

해커스 JLPT 일본어능력시험

실전모의고사

N5

해커스

무료 온라인 실전모의고사·학습자료 제공

해커스일본어 japan.Hackers.com

목차

해커스 JLPT 실전모의고사 N5

제1회 실전모의고사 정답·해석·해설	4
제2회 실전모의고사 정답·해석·해설	28
제3회 실전모의고사 정답·해석·해설	50

부록

회차별 단어·문형	72
JLPT 빈출 단어·문형	81

제1회 실전모의고사

언어지식(문자·어휘)

문제 1
번호	답
1	4
2	2
3	2
4	3
5	2
6	4
7	1

문제 2
번호	답
8	3
9	2
10	2
11	4
12	3

문제 3
번호	답
13	4
14	1
15	2
16	1
17	3
18	4

문제 4
번호	답
19	2
20	3
21	1

언어지식(문법)

문제 1
번호	답
1	4
2	1
3	3
4	2
5	2
6	1
7	3
8	1
9	4

문제 2
번호	답
10	3
11	1
12	2
13	4

문제 3
번호	답
14	4
15	1
16	3
17	1

독해

문제 4
번호	답
18	4
19	2

문제 5
번호	답
20	3
21	1

문제 6
번호	답
22	4

청해

문제 1
번호	답
1	2
2	3
3	3
4	2
5	2
6	4
7	3

문제 2
번호	답
1	2
2	4
3	2
4	1
5	2
6	3

문제 3
번호	답
1	1
2	2
3	3
4	1
5	1

문제 4
번호	답
1	2
2	1
3	3
4	2
5	1
6	3

언어지식 (문자·어휘) p.25

문제 1의 디렉션

문제1 _____ 의 말은 히라가나로 어떻게 씁니까? 1·2·3·4에서 가장 알맞은 것을 하나 골라 주세요.

1 난이도 중

이 책상机은 매우 큽니다.

1 자동차　　　　　2 가게
3 방　　　　　　　**4 책상**

해설 机는 4 つくえ로 발음한다.
어휘 机 つくえ 몡 책상　この 이　とても 분 매우　おおきい い형 크다
車 くるま 몡 자동차　店 みせ 몡 가게　部屋 へや 몡 방

2 난이도 중상

여자아이女の子가 울고 있었습니다.

1 남자아이　　　　**2 여자아이**
3 남자　　　　　　4 여자

해설 女の子는 2 おんなのこ로 발음한다.
어휘 女の子 おんなのこ 몡 여자아이　なく 동 울다
～ている ~(하)고 있다　男の子 おとこのこ 몡 남자아이
男の人 おとこのひと 몡 남자　女の人 おんなのひと 몡 여자

3 난이도 상

편의점에서 잡지雑誌를 샀습니다.

1 책자　　　　　　**2 잡지**
3 (없는 단어)　　　4 (없는 단어)

해설 雑誌는 2 ざっし로 발음한다. ざっ이 탁음인 것에 주의한다.
어휘 雑誌 ざっし 몡 잡지　コンビニ 몡 편의점　かう 동 사다
さっし 몡 책자

4 난이도 중

딸기 케이크를 만들어作って 보았습니다.

1 팔아　　　　　　2 잘라
3 만들어　　　　4 보내

해설 作って는 3 つくって로 발음한다.
어휘 作る つくる 동 만들다　いちご 몡 딸기　ケーキ 몡 케이크
～てみる ~해 보다　売る うる 동 팔다　切る きる 동 자르다
送る おくる 동 보내다

5 난이도 상

서점은 일 층一階에 있습니다.

1 (없는 단어)　　　**2 일 층**
3 (없는 단어)　　　4 한 잔

해설 一階는 2 いっかい로 발음한다. 숫자 1을 의미하는 一는 いち로 발음하지만, 층을 세는 단위인 階(かい)가 뒤에 오면 촉음이 있는 いっ으로 발음하는 것에 주의하고, かい가 탁음이 아닌 것에 주의한다.
어휘 一階 いっかい 몡 일 층　ほんや 몡 서점　ある 동 있다
いっぱい 몡 한 잔

TIP 건물의 층을 세는 단위인 ~かい(~층)는 숫자 3 뒤에 오면 3 がい(3층)와 같이 ~がい로 발음되므로 올바르게 구별하여 읽어야 한다.

6 난이도 중

오늘은 어제보다 춥寒い네요.

1 늦　　　　　　　2 이르
3 덥　　　　　　　**4 춥**

해설 寒い는 4 さむい로 발음한다.
어휘 寒い さむい い형 춥다　きょう 몡 오늘　きのう 몡 어제
～より 조 ~보다　遅い おそい い형 늦다　早い はやい い형 이르다
暑い あつい い형 덥다

7 난이도 중

회사 선배를 만났습니다会いました.

1 만났습니다　　　2 말했습니다
3 받았습니다　　　　4 배웠습니다

해설 会いました는 1 あいました로 발음한다.
어휘 会う あう 동 만나다　かいしゃ 몡 회사　せんぱい 몡 선배
言う いう 동 말하다　もらう 동 받다　習う ならう 동 배우다

TIP 会う(あう, 만나다)와 발음이 같은 合う(あう, 맞다)도 출제될 수도 있으므로 함께 알아 둔다.

문제 2의 디렉션

문제2 _____ 말은 어떻게 씁니까? 1·2·3·4에서 가장 알맞은 것을 하나 골라 주세요.

8 난이도 중상

할아버지는 매일 아침 신문しんぶん을 읽습니다.
1 (없는 단어)　　　　2 (없는 단어)
3 신문　　　　　　4 (없는 단어)

해설 しんぶん은 3 新聞으로 표기한다. 1, 2, 4는 없는 단어이다. 新(しん, 새롭다)을 선택지 2와 4의 親(しん, 어버이)과 구별해서 알아 두고, 聞(ぶん, 듣다)을 선택지 1과 2의 文(ぶん, 글)과 구별해서 알아 둔다.

어휘 新聞 しんぶん 명 신문　そふ 명 할아버지　まいあさ 명 매일 아침　よむ 동 읽다

TIP 新이 포함된 명사로 両親(りょうしん, 부모님)도 출제될 수도 있으므로 함께 알아 둔다.

9 난이도 중

다른 길みち은 없습니다.
1 곳　　　　　　　**2 길**
3 문　　　　　　　4 창문

해설 みち는 2 道로 표기한다.

어휘 道 みち 명 길　ほかの 다른　所 ところ 명 곳, 장소　門 もん 명 문　窓 まど 명 창문

10 난이도 중상

한자 수업은 수요일すいようび입니다.
1 화요일　　　　　**2 수요일**
3 금요일　　　　　4 토요일

해설 すいようび는 2 水よう日로 표기한다.

어휘 水よう日 すいようび 명 수요일　かんじ 명 한자　じゅぎょう 명 수업　火よう日 かようび 명 화요일　金よう日 きんようび 명 금요일　土よう日 どようび 명 토요일

11 난이도 중

오늘은 친구ともだち와 공원에 갑니다.
1 (없는 단어)　　　2 (없는 단어)
3 (없는 단어)　　　**4 친구**

해설 ともだち는 4 友だち로 표기한다. 1, 2, 3은 없는 단어이다.

어휘 友だち ともだち 명 친구　きょう 명 오늘　こうえん 명 공원　いく 동 가다

TIP 友だち(ともだち, 친구)와 비슷한 한자를 사용한 단어 右(みぎ, 오른쪽), 左(ひだり, 왼쪽)도 자주 출제되므로 함께 알아 둔다.

12 난이도 중상

채소도 많이 먹어たべて 주세요.
1 (없는 단어)　　　2 (없는 단어)
3 먹어　　　　　4 (없는 단어)

해설 たべて는 3 食べて로 표기한다. 1, 2, 4는 없는 단어이다.

어휘 食べる たべる 동 먹다　やさい 명 채소　たくさん 부 많이　~てください ~해 주세요

문제 3의 디렉션

문제3 (　　) 에 무엇이 들어갑니까? 1·2·3·4에서 가장 알맞은 것을 하나 골라 주세요.

13 난이도 중

축구 시합의 (　　) 을 2장 예약했습니다.
1 클래스　　　　　2 교과서
3 공책　　　　　　**4 티켓**

해설 2장 예약했다고 했으므로 サッカーのしあいのチケット(축구 시합의 티켓)가 자연스럽다. 따라서 4 チケット(티켓)가 정답이다.

어휘 サッカー 명 축구　しあい 명 시합　~まい ~장　よやく 명 예약　クラス 명 클래스, 학급　テキスト 명 교과서　ノート 명 공책, 노트　チケット 명 티켓

TIP チケット(티켓)는 ライブ(라이브), 新幹線(しんかんせん, 신칸센) 등 이벤트나 교통 관련 단어와 자주 사용되므로 제시문에 이와 같은 표현이 있는지 유의한다.

14 난이도 중상

저는 고등학교의 (　　) 이고, 수학을 가르치고 있습니다.
1 선생님　　　　2 의사
3 경찰관　　　　　4 점원

해설 수학을 가르치고 있다고 했으므로 わたしはこうこうのせんせい(저는 고등학교의 선생님)가 자연스럽다. 따라서 1 せんせい(선생님)가 정답이다.

어휘 わたし 명 저, 나　こうこう 명 고등학교　すうがく 명 수학　おしえる 동 가르치다　~ている ~하고 있다　せんせい 명 선생(님)　いしゃ 명 의사　けいかん 명 경찰관, 경관　てんいん 명 점원

15 난이도 중상

그녀는 (　　) 했고, 아이가 두 명 있습니다.
1 약속　　　　　　**2 결혼**
3 소개　　　　　　4 준비

해설 아이가 두 명 있다고 했으므로 けっこんしていて、こどもがふた りいます(결혼했고, 아이가 두 명 있습니다)가 자연스럽다. 따라서 2 けっこん(결혼)이 정답이다.

어휘 かのじょ 명 그녀　～ている ~해 있다, (한) 상태이다
こども 명 아이　ふたり 명 두 명　いる 동 있다　やくそく 명 약속
けっこん 명 결혼　しょうかい 명 소개　じゅんび 명 준비

16 난이도 중상

이것은 모두가 알고 있는 (　　) 한 노래입니다.

1 유명　　　　　2 튼튼
3 위험　　　　　4 고단

해설 모두가 알고 있다고 했으므로 これはみんながしっているゆうめ いな(이것은 모두가 알고 있는 유명한)가 자연스럽다. 따라서 1 ゆ うめい(유명)가 정답이다.

어휘 これ 명 이것　みんな 명 모두　しる 동 알다
～ている ~하고 있다　うた 명 노래　ゆうめいだ な형 유명하다
じょうぶだ な형 튼튼하다　きけんだ な형 위험하다
たいへんだ な형 고단하다, 힘들다

17 난이도 중

우체국은 그 (　　)를 돌아서 왼쪽에 있습니다.

1 돌　　　　　　2 나라
3 모퉁이　　　　4 바다

해설 무언가를 돌아서 왼쪽에 있다고 했으므로 かどをまがってひだり にあります(모퉁이를 돌아서 왼쪽에 있습니다)가 자연스럽다. 따 라서 3 かど(모퉁이)가 정답이다.

어휘 ゆうびんきょく 명 우체국　その 그　まがる 동 돌다
ひだり 명 왼쪽　ある 동 있다　いし 명 돌　くに 명 나라
かど 명 모퉁이　うみ 명 바다

TIP かど(모퉁이)는 机の角(つくえのかど, 책상 모서리)와 같이 '모서리', 部屋の 角(へやのかど, 방 구석)와 같이 '구석'이라는 의미로도 자주 쓰이므로 함께 알아 둔다.

18 난이도 중상

저 노란 바지를 (　　) 있는 사람이 야마다 씨입니까?

1 입고　　　　　2 끄고
3 두고　　　　　**4 입고**

해설 바지라고 했으므로 ズボンをはいている(바지를 입고 있는)가 자 연스럽다. 따라서 4 はいて(입고)가 정답이다. 4의 はく(입다)는 바지나 신발 등 하반신에 걸치는 의류를 입는 것을 나타내는 것에 반해 1의 きる(입다)는 몸 전체 혹은 상반신에 걸치는 의류를 입는 것을 나타내므로 정답이 될 수 없다.

어휘 あの 저　きいろい い형 노랗다　ズボン 명 바지
～ている ~하고 있다　ひと 명 사람　きる 동 (옷을) 입다
けす 동 끄다　おく 동 두다　はく 동 (하의를) 입다, (신발을) 신다

TIP はく(입다)는 くつをはく(신발을 신다)와 같이 '신다'라는 의미로도 자주 쓰이므 로 함께 알아 둔다.

문제 4의 디렉션

문제4 _____의 문장과 대체로 같은 의미의 문장이 있습니 다. 1·2·3·4에서 가장 알맞은 것을 하나 골라 주세요.

19 난이도 상

저의 아파트는 낡았습니다.

1 저의 아파트는 새롭습니다.
2 저의 아파트는 새롭지 않습니다.
3 저의 아파트는 넓습니다.
4 저의 아파트는 넓지 않습니다.

해설 제시문 わたしのアパートはふるいです(저의 아파트는 낡았습니 다)와 가장 의미가 비슷한 2 わたしのアパートはあたらしくない です(저의 아파트는 새롭지 않습니다)가 정답이다.

어휘 わたし 명 저　アパート 명 아파트　ふるい い형 낡다
あたらしい い형 새롭다　ひろい い형 넓다

20 난이도 중

오늘 아침 미국에 도착했습니다.

1 어제 아침 미국에 도착했습니다.
2 어젯밤 미국에 도착했습니다.
3 오늘 아침 미국에 도착했습니다.
4 오늘 밤 미국에 도착했습니다.

해설 제시문에 사용된 けさ가 '오늘 아침'이라는 의미이므로, 이와 의미 가 같은 きょうのあさ(오늘 아침)를 사용한 3 きょうのあさアメリ カにつきました(오늘 아침 미국에 도착했습니다)가 정답이다.

어휘 けさ 명 오늘 아침　アメリカ 명 미국　つく 동 도착하다
きのう 명 어제　あさ 명 아침　よる 명 밤　きょう 명 오늘

21 난이도 중상

아빠가 언니에게 시계를 주었습니다.

1 언니가 아빠에게 시계를 받았습니다.
2 언니가 아빠에게 시계를 보냈습니다.
3 언니가 아빠에게 시계를 빌렸습니다.
4 언니가 아빠에게 시계를 건넸습니다.

해설 제시문 ちちがあねにとけいをあげました(아빠가 언니에게 시계를 주었습니다)와 가장 의미가 비슷한 1 あねがちちにとけいをもらいました(언니가 아빠에게 시계를 받았습니다)가 정답이다. あげる(주다)는 물건의 소유권을 상대에게 넘기는 것을 의미하므로, 물건을 잠시 동안 받았다가 다시 돌려주는 かりる(빌리다)가 쓰인 3 あねがちちにとけいをかりました(언니가 아빠에게 시계를 빌렸습니다)는 정답이 될 수 없다.

어휘 ちち 圏 아빠, 아버지   あね 圏 언니, 누나   とけい 圏 시계
あげる 图 (남에게) 주다   もらう 图 받다   おくる 图 보내다
かりる 图 빌리다   わたす 图 건네다

언어지식(문법) p.33

문제 1의 디렉션
문제1 (   ) 에 무엇을 넣습니까? 1·2·3·4 에서 가장 알맞은 것을 하나 골라 주세요.

1 난이도 중

내일은 버스 (   ) 타고 동물원에 갑니다.
1 이나   2 를
3 에서   **4 를**

해설 빈칸 뒤의 동사 乗る(타다)는 조사 を(를)가 아닌 조사 に(를)에 접속하여 '~를 타다'라는 의미로 사용된다. 따라서 4 に(를)가 정답이다.

어휘 明日 あした 圏 내일   ~は 区 ~은, 는   バス 圏 버스
乗る のる 图 타다   どうぶつえん 圏 동물원   行く いく 图 가다
~や 区 ~이나   ~を 区 ~를, 을   ~で 区 ~에서   ~に 区 ~를, ~에

TIP 조사 に는 보통 '~에, ~에게'라는 뜻으로 사용되지만, 동사 乗る와 함께 사용하면 ~に乗る(~にのる, ~를 타다)와 같이 '~를'이라는 의미로도 쓰이므로 함께 알아 둔다.

2 난이도 중상

A "매일 영어 공부를 합니까?"
B "아니요, 바쁜 날 (   ) 하지 않습니다."
1 은   2 도
3 이   4 의

해설 A가 매일 영어 공부를 하는지 묻는 말에 B가 아니라고 했으므로, 특정한 경우에는 하지 않는다고 구별지어 말할 때 사용하는 'は(은)'를 사용하는 것이 자연스럽다. 따라서 1 は(은)가 정답이다.

어휘 毎日 まいにち 圏 매일   英語 えいご 圏 영어   勉強 べんきょう 圏 공부
する 图 하다   いそがしい い圏 바쁘다   日 ひ 圏 날   ~は 区 ~은, 는
~も 区 ~도   ~が 区 ~이, 가   ~の 区 ~의

3 난이도 중상

지갑 안에는 이천 엔 (   ) 들어 있지 않았습니다.
1 이라도   2 까지
3 밖에   4 뿐

해설 빈칸 앞에서 '이천 엔', 빈칸 뒤에서 '들어 있지 않았습니다'라고 했으므로, 부정문과 이어지는 'しか(밖에)'를 사용하는 것이 자연스럽다. 따라서 3 しか(밖에)가 정답이다. 4 だけ(뿐)이 정답이 되기 위해서는 二千円だけ入っていました(이천 엔만 들어 있었습니다)처럼 뒤에 긍정문이 이어져야 한다.

어휘 さいふ 圏 지갑   中 なか 圏 안, 속   円 えん 圏 엔
入る はいる 图 들다   ~ている ~하다, (한) 상태이다
~でも 区 ~라도   ~まで 区 ~까지   ~しか 区 ~밖에
~だけ 区 ~뿐

TIP 조사 しか 뒤에는 부정 표현이 사용되므로 제시문에 부정 표현이 있는지 유의한다.

4 난이도 중

스미스 "이번 주말 박 씨의 생일 파티가 있습니다. 린 씨 (   ) 함께 어떻습니까?"
린 "가고 싶습니다만 예정이 있습니다."
1 인가   **2 도**
3 정도   4 부터

해설 빈칸 뒤에서 함께 하는 것이 어떻냐고 했으므로, 듣는 상대를 포함하는 'も(도)'를 사용하는 것이 자연스럽다. 따라서 2 も(도)가 정답이다.

어휘 今週末 こんしゅうまつ 圏 이번 주말   たんじょうび 圏 생일
パーティー 圏 파티   ある 图 있다   一緒に いっしょに 图 함께
行く いく 图 가다   ~たい ~하고 싶다   予定 よてい 圏 예정
~か 区 ~(인)가   ~も 区 ~도   ~くらい 区 ~정도
~から 区 ~부터

5 난이도 중

나카무라 씨는 세 마리 (　　) 큰 개를 키우고 있습니다.

1 와　　　　　　　　2 의
3 보다　　　　　　　4 등

해설　빈칸 앞에서 '세 마리'라고 하고, 빈칸 뒤에서 '큰 개'라고 했으므로, 두 명사를 나열할 수 있는 'の(의)'를 사용하는 것이 자연스럽다. 따라서 2 の(의)가 정답이다.

어휘　~ひき ~마리　大きな おおきな 큰　犬 いぬ 명 개
　　　かう 동 키우다, 기르다　~ている ~하고 있다　~と 조 와, 과
　　　~の 조 ~의　~より 조 ~보다　~など 조 ~등

6 난이도 중상

(가게에서)
고바야시 "이것은 사이즈가 큽니다. (　　) 작은 사이즈는 없습니까?"
가게 사람 "조금 기다려 주세요."

1 더　　　　　　　　2 점점
3 특히　　　　　　　4 마침

해설　빈칸 앞에서 '사이즈가 큽니다'라고 하고, 빈칸 뒤에서 '작은 사이즈는 없습니까?'라고 했으므로, 큰 사이즈와 작은 사이즈의 비교를 강조하는 의미의 부사 'もっと(더)'를 사용하는 것이 자연스럽다. 따라서 1 もっと(더)가 정답이다.

어휘　店 みせ 명 가게　これ 명 이것　サイズ 명 사이즈
　　　大きい おおきい い형 크다　小さい ちいさい い형 작다
　　　人 ひと 명 사람　少し すこし 부 조금　待つ まつ 동 기다리다
　　　もっと 부 더　だんだん 부 점점　とくに 부 특히
　　　ちょうど 부 마침, 꼭

7 난이도 중

오키나와의 바다에 갔습니다. 바다에는 자주 가지만, (　　) 깨끗한 바다는 처음입니다.

1 여기　　　　　　　2 어디
3 이런　　　　　　　4 어떤

해설　빈칸 뒤에서 깨끗한 바다는 처음이라고 했으므로, 깨끗한 바다를 지칭하며 강조하는 'こんな(이런)'를 사용하는 것이 자연스럽다. 따라서 3 こんな(이런)가 정답이다.

어휘　沖縄 おきなわ 명 오키나와　海 うみ 명 바다　よく 부 자주
　　　行く いく 동 가다　きれいだ な형 깨끗하다, 예쁘다
　　　はじめて 부 처음　ここ 명 여기　どこ 명 어디　こんな 이런
　　　どんな 어떤

8 난이도 상

내년 봄부터 남동생은 가고 싶었던 대학에 (　　).

1 다닙니다　　　　　2 다니지 않겠습니까
3 다닙시다　　　　　4 다니고 있지 않습니다

해설　빈칸 앞에서 내년 봄부터라고 했으므로, 동사의 현재와 미래를 나타내는 정중체인 'ます(합니다)'를 사용하는 것이 자연스럽다. 따라서 1 通います(다닙니다)가 정답이다.

어휘　来年 らいねん 명 내년　春 はる 명 봄　~から 조 ~부터
　　　弟 おとうと 명 남동생　行く いく 동 가다　~たい ~하고 싶다
　　　大学 だいがく 명 대학(교)　通う かよう 동 다니다
　　　~ている ~하고 있다

TIP　通う(かよう, 다니다)는 大学(대학), じゅく(학원) 등의 교육이나 학교 관련 표현과 자주 사용되므로 제시문에 이와 같은 표현이 있는지 유의한다.

9 난이도 중상

(회사에서)
A "짐을 저 방으로 옮기지 않으면 안 됩니다."
B "큰일이네요. 도울까요?"
A "네. (　　)."

1 수고하십니다　　　2 실례합니다
3 다녀오겠습니다　　4 부탁합니다

해설　B가 A에게 도움을 제안했으므로, 제안을 수락하는 'おねがいします(부탁합니다)'가 자연스럽다. 따라서 4 おねがいします(부탁합니다)가 정답이다. 2 おじゃまします(실례합니다)는 다른 사람의 집에 들어갈 때 사용하는 인사말이므로 정답이 될 수 없다.

어휘　会社 かいしゃ 명 회사　にもつ 명 짐　あの 저　部屋 へや 명 방
　　　運ぶ はこぶ 동 옮기다　~なくてはいけない ~하지 않으면 안 된다
　　　大変だ たいへんだ な형 큰일이다, 힘들다
　　　手伝う てつだう 동 돕다

문제 2의 디렉션

문제2　★　에 들어갈 것은 어느 것입니까? 1·2·3·4에서 가장 알맞은 것을 하나 골라 주세요.

10 난이도 중

냉장고 안 에 ★있는 계란 으로 오므라이스를 만듭시다.

1 계란　　　　　　　2 으로
3 있는　　　　　　　4 에

해설　전체 선택지를 의미가 통하게 배열하면 4 に 3 ある 1 たまご 2 で(에 있는 계란으로)가 된다. 전체 문맥과도 자연스럽게 연결되므로 3 ある(있는)가 정답이다.

어휘 れいぞうこ 圀냉장고　中 なか 圀안, 속　オムライス 圀오므라이스
作る つくる 图만들다　～ましょう ~합시다　たまご 圀계란
～で 国~으로　ある 图있다　～に 国~에

TIP あるたまご(있는 계란)와 같이 명사 앞에는 명사를 수식하는 동사가 올 수 있으므로, 동사를 명사 앞으로 배치할 수 있다.

11 난이도 중상

(학교에서)
기타노 "숙제 는 다음 주 ★의 언제 까지 입니까?"
선생님 "월요일 수업 시간에 내 주세요."

1 의　　　　　　　　　2 다음 주
3 는　　　　　　　　　4 언제

해설 빈칸 앞의 しゅくだい는 명사이므로 조사와 접속할 수 있다. 그러므로 1 の(의) 또는 3 は(는)를 첫 번째 빈칸에 넣어서 'しゅくだいの(숙제의)' 혹은 'しゅくだいは(숙제는)'를 만든다. 이후 나머지 선택지를 의미가 통하게 배열하면 1 の 2 来週 3 は 4 いつ(의 다음 주는 언제) 혹은 3 は 2 来週 1 の 4 いつ(는 다음 주의 언제)가 된다. 빈칸 앞뒤를 보면 '숙제는 다음 주의 언제입니까?'로 연결하는 것이 자연스러우므로 1 の(의)가 정답이다.

어휘 学校 がっこう 圀학교　しゅくだい 圀숙제　～まで 国~까지
月よう日 げつようび 圀월요일　じゅぎょう 圀수업　じかん 圀시간
～に 国~에　出す だす 图내다　～てください ~해 주세요
～の 国~의　来週 らいしゅう 圀다음 주　～は 国~는, 은
いつ 圀언제

12 난이도 중상

오늘은 회사 사람 과 ★식사를 하고 집에 돌아왔습니다.

1 과　　　　　　　　　2 식사를
3 하고　　　　　　　　4 사람

해설 빈칸 앞의 の는 뒤에 수식하는 명사와 접속할 수 있다. 그러므로 2 食事を(식사를) 또는 4 人(사람)를 첫 번째 빈칸에 넣어서 '会社の食事を(회사의 식사를)' 혹은 '会社の人(회사 사람)'를 만든다. 이후 나머지 선택지를 의미가 통하게 배열하면 2 食事を 3 して 4 人 1 と(식사를 하고 사람과) 혹은 4 人 1 と 2 食事を 3 して(사람과 식사를 하고)가 된다. 빈칸 앞뒤를 보면 '오늘은 회사 사람과 식사를 하고 집에 돌아왔습니다'로 연결하는 것이 자연스러우므로 2 食事を(식사를)가 정답이다.

어휘 今日 きょう 圀오늘　会社 かいしゃ 圀회사　家 いえ 圀집
かえる 图돌아오다, 돌아가다　～と 国~과, 와　食事 しょくじ 圀식사
～を 国~를, 을　する 图하다　人 ひと 圀사람

13 난이도 상

A "최근 인기인 '빨간 달' 이라고 하는 ★드라마 를 보고 있습니까?"
B "네. 매우 재미있습니다."

1 이라고　　　　　　　2 를
3 하는　　　　　　　　4 드라마

해설 선택지 1의 と는 선택지 3의 いう와 접속하여 という(~이라고 하는)라는 문형을 만들 수 있다. 그러므로 선택지 1 と와 3 いう를 우선 연결한다. 이후 나머지 선택지를 의미가 통하게 배열하면 1 と 3 いう 4 ドラマ 2 を(이라고 하는 드라마를)가 된다. 전체 문맥과도 자연스럽게 연결되므로 4 ドラマ(드라마)가 정답이다.

어휘 最近 さいきん 圀최근　人気 にんき 圀인기　あかい い형빨갛다
月 つき 圀달　～ている ~하고 있다　とても 圉매우
おもしろい い형재미있다　見る みる 图보다　～という ~라고 하는
～を 国~를, 을　ドラマ 圀드라마

TIP ～という(~라고 하는) 앞에는 설명하고자 하는 명사가 올 수 있으므로, 명사가 있다면 ～という 앞으로 배치한다.

문제 3의 디렉션

문제3 [14] 부터 [17] 에 무엇을 넣습니까? 문장의 의미를 생각해서, 1·2·3·4 에서 가장 알맞은 것을 하나 골라 주세요.

14-17

자카 씨와 김 씨는 "우리나라의 음식"의 작문을 쓰고, 학급 모두의 앞에서 읽습니다.

(1) 자카 씨의 작문

일본에서는 쌀을 먹지만, 우리나라에서는 쿠스쿠스를 먹습니다. [14]쿠스쿠스는 세계 [14] 가장 작은 파스타입니다. 우리나라에서는 그것을 샐러드나 수프 안에 넣어서 먹습니다.
[15]일본에서도 쿠스쿠스를 먹고 싶지만, 근처 슈퍼에는 팔고 있지 않습니다. 쿠스쿠스를 팔고 있는 가게를 알고 있는 사람은 [15].

(2) 김 씨의 작문

제가 좋아하는 한국의 음식은 비빔밥입니다. [16]한국은 매운 음식이 많습니다. [16], 비빔밥은 그다지 맵지 않습니다.
비빔밥은 밥에 고기나 채소를 섞어서 함께 먹는 요리로, 매우 맛있습니다. [17]간단하기 때문에 여러분도 [17] 것은 어떻습니까?

어휘 私の国 わたしのくに 우리나라　食べ物 たべもの 圏음식
　　　さくぶん 圏작문　書く かく 圄쓰다　クラス 圏학급
　　　みんな 圏모두　前 まえ 圏앞　読む よむ 圄읽다
　　　日本 にほん 圏일본　米 こめ 圏쌀　食べる たべる 圄먹다
　　　クスクス 圏쿠스쿠스　世界 せかい 圏세계　一番 いちばん 凰가장
　　　小さい ちいさい い圏작다　パスタ 圏파스타　それ 圏그것
　　　サラダ 圏샐러드　スープ 圏수프　中 なか 圏안, 속
　　　入れる いれる 圄넣다　〜たい 〜하고 싶다　近く ちかく 圏근처
　　　スーパー 圏슈퍼　売る うる 圄팔다　〜ている 〜하고 있다
　　　店 みせ 圏가게　知る しる 圄알다　人 ひと 圏사람
　　　私 わたし 圏나, 저　好きだ すきだ な圏좋아하다　かんこく 圏한국
　　　ビビンバ 圏비빔밥　からい い圏맵다　多い おおい い圏많다
　　　あまり 凰그다지　ごはん 圏밥　肉 にく 圏고기　〜や 国〜이나
　　　野菜 やさい 圏채소　まぜる 圄섞다　いっしょに 凰함께
　　　料理 りょうり 圏요리　とても 凰매우　おいしい い圏맛있다
　　　簡単だ かんたんだ な圏간단하다　みなさん 圏여러분

14 난이도 중

1 도	2 나
3 의	**4 에서**

해설 빈칸 뒤의 '가장 작은 파스타입니다' 중, 一番(가장)은 여러 대상 중에서 제일 어떠하다는 의미의 부사이기 때문에 앞에서 여러 대상의 범위를 나타내는 'で(에서)'를 사용하는 것이 자연스럽다. 따라서 4 で(에서)가 정답이다.

어휘 〜も 国〜도　〜や 国〜나　〜の 国〜의　〜で 国〜에서

15 난이도 중상

1 가르쳐 주세요	2 가르치고 싶습니다
3 가르치기 때문입니다	4 가르치겠지요

해설 빈칸 앞에서 '일본에서도 쿠스쿠스를 먹고 싶지만, 근처 슈퍼에는 팔고 있지 않습니다. 쿠스쿠스를 팔고 있는 가게를 알고 있는 사람은'이라고 했으므로, 쿠스쿠스를 사고 싶은데 파는 곳을 알지 못해 아는 사람에게 가르쳐주기를 요청하는 의미를 나타내는 1 教えてください(가르쳐 주세요)가 정답이다.

어휘 教える おしえる 圄가르치다　〜てください 〜해 주세요
　　　〜から 国〜때문　〜でしょう 〜겠지요

16 난이도 중

1 그러면	2 또
3 하지만	4 그러니까

해설 빈칸 앞 문장의 かんこくはからい食べ物が多いです(한국은 매운 음식이 많습니다)는 빈칸 뒤의 ビビンバはあまりからくありません(비빔밥은 그다지 맵지 않습니다)의 반대되는 내용이므로, 빈칸에는 역접 관계를 나타내는 말이 필요하다. 따라서 3 でも(하지만)가 정답이다.

어휘 そうすると 国그러면　また 国또　でも 国하지만
　　　だから 国그러니까

TIP でも(하지만)와 비슷한 의미의 접속사인 しかし(그러나)로 바뀌어 출제될 수도 있으므로 함께 알아 둔다.

17 난이도 중상

1 만들어 보는	2 만들고 있는
3 만들어 두는	4 만들어져 있는

해설 빈칸을 포함한 문장에서 '간단하기 때문에 여러분도', '것은 어떻습니까'라고 했으므로, 비빔밥을 만드는 과정이 간단하다면서 체험하기를 권하는 표현인 '〜てみる(〜해 보다)'를 사용하는 것이 자연스럽다. 따라서 1 作ってみる(만들어 보는)가 정답이다. 참고로 2의 ている는 '〜하고 있다', 3의 ておく는 '〜해 두다', 4의 てある는 '〜되어 있다'라는 의미임을 알아 둔다.

어휘 作る つくる 圄만들다　〜てみる 〜해 보다　〜ておく 〜해 두다
　　　〜てある 〜되어 있다

독해 p.40

문제 4의 디렉션

문제4 다음의 (1)과 (2)의 글을 읽고, 질문에 답해 주세요. 답은, 1・2・3・4에서 가장 알맞은 것을 하나 골라 주세요.

18 난이도 중상

어제부터 수업이 시작되었습니다. 교실에는 많은 사람이 있었습니다. 옆에 앉은 학생이 "이름은 뭐예요?"라고 말을 걸어 왔습니다. 저는 "마리예요"라고 대답했습니다. 그 학생은 웃으면서, "저도 같은 이름이에요"라고 말했습니다. 매우 놀랐습니다.

'나'는 왜 매우 놀랐습니까?

1 교실에 사람이 많이 있었기 때문에
2 옆의 자리에 사람이 앉았기 때문에
3 옆의 학생이 말을 걸어 왔기 때문에
4 옆의 학생과 이름이 같았기 때문에

해설 지문에서 밑줄 친 부분의 앞에서 その学生は笑いながら、「わたしも同じ名前です」と言いました(그 학생은 웃으면서, "저도 같은 이름이에요"라고 말했습니다)라고 언급하고 있으므로 4 となりの学生と名前が同じだったから(옆의 학생과 이름이 같았기 때

문예)가 정답이다.

어휘 きのう 몡 어제   授業 じゅぎょう 몡 수업
始まる はじまる 동 시작되다   教室 きょうしつ 몡 교실
たくさん 많음   人 ひと 몡 사람   いる 동 있다   となり 몡 옆
座る すわる 동 앉다   学生 がくせい 몡 학생   名前 なまえ 몡 이름
何 なに 몡 무엇   声 こえ 몡 말, 소리   かける 동 걸다
～てくる ~해 오다   わたし 몡 저   答える こたえる 동 대답하다
その 그   笑う わらう 동 웃다   ～ながら ~하면서   同じ おなじ 같음
言う いう 동 말하다   とても 튀 매우   びっくりする 동 놀라다
どうして 튀 왜   ～から 조 ~기 때문에

19 난이도 중

(대학 도서관에서)
학생이 이 종이를 보았습니다.

> 도서관이 일찍 닫힙니다
>
> 오늘은 오후부터 비가 심해집니다. 평소는 10시까지입니다만, 오늘은 3시로 도서관이 닫힙니다. **3시에는 도서관에서 나가 주세요.**
>
> 또, 도서관은 모레까지 휴무입니다. 도서관에 반납할 책이 있어도 반납하는 것은 다음 주여도 괜찮습니다.
>
> 　　　　　　　　　　　　　　　6월 3일(금) 아오시마 대학 도서관

이 종이에 대해 맞는 것은 어느 것입니까?
1 도서관은 오늘 10시에 닫힙니다.
2 3시에는 도서관에서 나가지 않으면 안 됩니다.
3 오늘부터 모레까지 도서관은 휴무입니다.
4 반납할 책은 모레 반납해도 됩니다.

해설 지문의 중반부에서 3時には図書館から出てください(3시에는 도서관에서 나가 주세요)라고 언급하고 있으므로 2 3時には図書館から出なくてはいけません(3시에는 도서관에서 나가지 않으면 안 됩니다)이 정답이다. 1은 보통 때 10시에 닫힌다고 했고, 3은 오늘은 도서관을 운영하며, 4는 모레까지 휴무라서 책은 다음 주에 반납해도 괜찮다고 했으므로 오답이다.

어휘 大学 だいがく 몡 대학   図書館 としょかん 몡 도서관
学生 がくせい 몡 학생   この 이   紙 かみ 몡 종이   見る みる 동 보다
早く はやく 튀 일찍   しまる 동 닫히다   今日 きょう 몡 오늘
午後 ごご 몡 오후   ～から 조 ~부터   雨 あめ 몡 비
ひどい い형 심하다   ～くなる ~해지다, (하)게 되다
いつも 몡 평소   ～時 ～じ ~시   ～まで 조 ~까지
出る でる 동 나가다   ～てください ~해 주세요   また 튀 또
あさって 몡 모레   おやすみ 몡 휴무   かえす 동 반납하다, 돌려주다
本 ほん 몡 책   ある 동 있다   来週 らいしゅう 몡 다음 주
いい 괜찮다, 좋다   正しい ただしい い형 맞다, 바르다
どれ 몡 어느 것   ～なくてはいけない ~하지 않으면 안 된다
やすみ 몡 휴무   ～てもいい ~해도 괜찮다

TIP 실용문에서는 ～てください(~해 주세요)와 같은 표현이 사용된 문장에서 이 글을 읽은 사람에게 가장 하고 싶은 말, 혹은 이 글을 읽은 사람이 해야 할 일을 알 수 있으므로 특히 꼼꼼히 읽고 해석한다.

문제 5의 디렉션

문제5 다음의 글을 읽고, 질문에 답해 주세요. 답은, 1·2·3·4에서 가장 알맞은 것을 하나 골라 주세요.

20-21

저는 지난주 토요일, 아침 일찍 공원에 갔습니다. 친구와 운동할 약속을 했기 때문입니다. 하지만, 친구는 시간이 지나도 약속 장소에 오지 않았습니다.

친구가 걱정이 되어서 전화했습니다. [20]친구는 "약속은 밤이야"라고 말했습니다. 저는 착각했습니다.

하지만, 힘내서 일찍 일어났으니까 [21]혼자서 조금 달렸습니다. 땀을 흘렸습니다. 기분이 좋았습니다. 그 후, 바로 샤워를 했습니다.

자주 운동했었던 학생 때를 떠올렸습니다. 주말은 항상 집에서 느긋하게 있지만, 이제부터는 가끔 운동을 할 예정입니다.

어휘 わたし 몡 저, 나   先週 せんしゅう 몡 지난주
土曜日 どようび 몡 토요일   朝 あさ 몡 아침   早く はやく 튀 일찍
公園 こうえん 몡 공원   行く いく 동 가다   友だち ともだち 몡 친구
運動 うんどう 몡 운동   やくそく 몡 약속   する 동 하다
～から 조 ~때문   でも 접 하지만   時間 じかん 몡 시간
すぎる 동 지나다   ばしょ 몡 장소   来る くる 동 오다
しんぱい 몡 걱정   電話 でんわ 몡 전화   夜 よる 몡 밤
～と言う ～という ~(라)고 말하다   まちがえる 동 착각하다, 실수하다
でも 접 하지만   がんばる 동 힘내다, 분발하다
起きる おきる 동 일어나다   一人 ひとり 몡 혼자, 한 명
少し すこし 튀 조금   走る はしる 동 달리다   あせ 몡 땀
かく 동 (땀을) 흘리다   きもち 몡 기분   よい い형 좋다   その 그
あと 몡 후   すぐに 바로, 즉시   シャワー 몡 샤워
あびる 동 (샤워를) 하다   よく 자주
～ている ~하고 있다, (한) 상태이다   学生 がくせい 몡 학생
とき 몡 때   おもいだす 떠올리다   週末 しゅうまつ 몡 주말
いつも 튀 항상   家 いえ 몡 집   ゆっくりする 느긋하게 있다
これから 이제부터   ときどき 튀 가끔   ～つもりだ ~(할) 예정이다

20 난이도 상

'나'는 무엇을 착각했습니까?
1 약속을 한 친구
2 약속을 한 날
3 약속을 한 시간
4 약속을 한 장소

해설 두 번째 단락에서 友だちは「やくそくは夜だよ」と言いました。わたしはまちがえました(친구는 "약속은 밤이야"라고 말했습니다. 저는 착각했습니다)라고 언급하고 있으므로 3 やくそくをした時間(약속을 한 시간)이 정답이다.

어휘 日 ひ 몡날

TIP まちがえましたか(착각했습니까)의 まちがえる(착각하다)와 같이 질문에 쓰인 표현을 지문에서 찾으면 정답의 단서와 연결되어 있을 가능성이 높다.

21 난이도 중상

어째서 기분이 좋았습니까?

1 달려서 땀을 흘렸기 때문에
2 운동 후, 샤워를 했기 때문에
3 학생 때를 떠올렸기 때문에
4 집에서 느긋하게 있었기 때문에

해설 밑줄의 앞부분에서 一人で少し走りました。あせをかきました(혼자서 조금 달렸습니다. 땀을 흘렸습니다)라고 언급하고 있으므로, 1 走ってあせをかいたから(달려서 땀을 흘렸기 때문에)가 정답이다.

어휘 どうして 튀어째서

문제 6의 디렉션

문제6 오른쪽 페이지를 보고, 아래의 질문에 답해 주세요. 답은, 1・2・3・4에서 가장 알맞은 것을 하나 골라 주세요.

22

-하나야마 온천-
온천과 맛있는 식사를 즐길 수 있습니다.

[방 소개]

① 침대 방		・인원수 : 4명까지 ・식사 : 딸려 있지 않습니다 ・돈 : 1인 11,000엔
② 침대 방		・인원수 : 4명까지 ・식사 : 딸려 있습니다 ・돈 : 1인 17,000엔
③ 이불 방		・인원수 : 6명까지 ・식사 : 딸려 있지 않습니다 ・돈 : 1인 9,000엔
④ 이불 방		・인원수 : 6명까지 ・식사 : 딸려 있습니다 ・돈 : 1인 15,000엔

*3살보다 아래인 아이는 인원수에 넣지 않습니다.
*식사는 나중에 포함시킬 수 없습니다.

어휘 おんせん 몡온천 おいしい い형맛있다 食事 しょくじ 몡식사
楽しむ たのしむ 동즐기다 ~ことができる ~(할) 수 있다
部屋 へや 몡방 紹介 しょうかい 몡소개 ベッド 몡침대
人数 にんずう 몡인원수 ~人 ~にん ~명 ~まで 조~까지
つく 동딸리다, 붙다 ~ている ~해 있다, (한) 상태이다
お金 おかね 몡돈 一人 ひとり 몡1인, 한 명 ~円 ~えん ~엔
ふとん 몡이불 ~より 조~보다 下 した 몡아래
子ども こども 몡아이 入れる いれる 동넣다 あとから 나중에
つける 동포함시키다, 붙이다

22 난이도 중상

친 씨는 회사 사람들과 5명이서 하나야마 온천에 가고 싶습니다. 밥은 온천에서 먹을 예정입니다. 친 씨는 어느 방을 고릅니까?

1 ①
2 ②
3 ③
4 ④

해설 질문에서 언급된 조건 (1) 5人で花山おんせんに行きたいです(5명이서 하나야마 온천에 가고 싶습니다), (2) ごはんはおんせんで食べるつもりです(밥은 온천에서 먹을 예정입니다)에 따라 지문을 보면,
(1) 5명이서 가고 싶음 : 각 방의 人数(인원수)를 보면 ①, ②는 4人まで(4명까지)이다. ①, ②는 정답의 후보에서 제외한다.
(2) 밥은 온천에서 먹을 예정 : ①, ②를 제외하고 ③, ④의 食事(식사) 부분을 보면 식사가 딸려 있는 것은 ④이다.
따라서, 4 ④가 정답이다.

어휘 会社 かいしゃ 몡회사 人 ひと 몡사람 行く いく 동가다
~たい ~하고 싶다 ごはん 몡밥 食べる たべる 동먹다
~つもりだ ~(할) 예정이다 どの 어느 えらぶ 동고르다

청해 p.49

☞ 문제 1에서는, 먼저 질문을 들어주세요. 그리고 이야기를 듣고, 문제 용지의 1부터 4 중에서, 가장 알맞은 것을 하나 골라주세요.

문제 1의 디렉션과 예제

もんだい1では、はじめにしつもんを聞いてください。それから話を聞いて、もんだいようしの1から4の中から、いちばんいいものを一つえらんでください。では練習しましょう。

男の学生と女の学生が話しています。女の学生は何の写真を撮りますか。

男：写真を撮る宿題、来週までですよね。田中さんは何を撮りますか。
女：私は花が好きですから、花を撮ります。林くんは何を撮りますか。
男：うちの猫を撮ります。実は学校の木を撮る練習をしていましたが、上手に撮るのが難しくてやめました。
女：そうですか。家に犬もいますよね。
男：はい。でも、よく動くので撮るのが難しいです。

女の学生は何の写真を撮りますか。

1	2

3	4

いちばんいいものは1ばんです。かいとうようしのもんだい1の例のところを見てください。いちばんいいものは1ばんですから、答えはこのように書きます。では、始めます。

해석 문제 1에서는, 먼저 질문을 들어주세요. 그리고 이야기를 듣고, 문제 용지의 1부터 4 중에서, 가장 알맞은 것을 하나 골라 주세요. 그러면 연습해 봅시다.

남학생과 여학생이 이야기하고 있습니다. **여학생은 무슨 사진을 찍습니까?**

남: 사진을 찍는 숙제, 다음 주까지지요? 다나카 씨는 무엇을 찍나요?
여: **저는 꽃을 좋아하기 때문에, 꽃을 찍을 거예요.** 하야시 군은 무엇을 찍나요?
남: 우리 고양이를 찍을 거예요. 실은 학교의 나무를 찍는 연습을 했었습니다만, 잘 찍는 것이 어려워서 그만두었습니다.
여: 그래요? 집에 개도 있지요?
남: 네. 그렇지만, 자주 움직이기 때문에 찍는 것이 어렵습니다.

여학생은 무슨 사진을 찍습니까?

가장 알맞은 것은 1번입니다. 정답 용지의 문제 1의 예시 부분을 봐 주세요. 가장 알맞은 것이 1번이기 때문에, 정답은 이와 같이 표시합니다. 그러면, 시작합니다.

1 난이도 중상

[음성]
カフェで男の人と女の人が話しています。女の人は何を飲みますか。

男：ここのレストランは食事のあとにコーヒーか紅茶が付きますよ。
女：そうですか。眠くて午前中にコーヒーをたくさん飲んでしまいましたから、紅茶にします。
男：温かいのと冷たいのとどちらにしますか。
女：そうですね。温かいのがいいです。木村さんは決めましたか。
男：はい、僕は冷たいコーヒーにします。

女の人は何を飲みますか。

[문제지]
1 あたたかい　コーヒー
2 あたたかい　こうちゃ
3 つめたい　コーヒー
4 つめたい　こうちゃ

해석 카페에서 남자와 여자가 이야기하고 있습니다. **여자는 무엇을 마십니까?**

남: 여기 레스토랑은 식사 후에 커피나 홍차가 나옵니다.
여: 그렇습니까? 졸려서 오전 중에 커피를 많이 마셔 버렸기 때문에, **홍차로 하겠습니다**.
남: 따뜻한 것과 차가운 것 중 어느 쪽으로 하겠습니까?
여: 그렇군요. **따뜻한 게 좋습니다**. 기무라 씨는 결정했습니까?
남: 네, 저는 차가운 커피로 하겠습니다.

여자는 무엇을 마십니까?

1 따뜻한 커피
2 따뜻한 홍차
3 차가운 커피
4 차가운 홍차

해설 여자가 紅茶にします(홍차로 하겠습니다)라고 하고, 남자가 따뜻한 것과 차가운 것 중 어느 것으로 하는지 묻자, 여자가 温かいのがいいです(따뜻한 게 좋습니다)라고 했으므로, 2 あたたかいこ

うちゃ(따뜻한 홍차)가 정답이다. 1, 3은 커피는 오전 중에 많이 마셨다고 했고, 4는 따뜻한 것이 좋다고 했으므로 오답이다.

어휘 カフェ 圏 카페　何 なに 圏 무엇　飲む のむ 图 마시다
ここ 圏 여기　レストラン 圏 레스토랑　食事 しょくじ 圏 식사
あと 圏 후　コーヒー 圏 커피　紅茶 こうちゃ 圏 홍차
付く つく 图 나오다, 붙다　眠い ねむい い형 졸리다
午前 ごぜん 圏 오전　~中 ~ちゅう ~중　たくさん 图 많이
~てしまう ~해 버리다　~から 图 ~기 때문에　~にする ~로 하다
温かい あたたかい い형 따뜻하다　冷たい つめたい い형 차갑다
どちら 圏 어느 쪽　いい い형 좋다　決める きめる 图 결정하다
僕 ぼく 圏 저(남성)

2 난이도 중상

[음성]
台所で男の人と女の人が話しています。女の人は何を買いますか。

男：今日の昼ご飯は牛肉のシチューを作ります。キムさんはヨーグルトを買ってきてください。
女：分かりました。ヨーグルトをシチューに入れますか。
男：はい。ヨーグルトを入れるともっとおいしくなります。それから、玉ねぎもお願いします。
女：え、玉ねぎは苦いから嫌いです。
男：シチューの玉ねぎはおいしいですよ。だから、大丈夫です。
女：はい。それも買ってきます。

女の人は何を買いますか。

[문제지]

1 　2

3 　4

해석 부엌에서 남자와 여자가 이야기하고 있습니다. 여자는 무엇을 삽니까?
　남: 오늘 점심은 소고기 스튜를 만들 거예요. 김 씨는 요거트를 사 와 주세요.
　여: 알겠어요. 요거트를 스튜에 넣어요?
　남: 네. 요거트를 넣으면 더 맛있어져요. 그리고, 양파도 부탁해요.
　여: 아, 양파는 써서 싫어요.
　남: 스튜의 양파는 맛있어요. 그러니까, 괜찮아요.
　여: 네. 그것도 사 올게요.

여자는 무엇을 삽니까?

해설 남자가 ヨーグルトを買ってきてください(요거트를 사 와 주세요)라고 한 후, 여자가 分かりました(알겠어요)라고 하고, 남자가 玉ねぎもお願いします(양파도 부탁해요)라고 한 후, 여자가 마지막에 それも買ってきます(그것도 사 올게요)라고 했으므로, 요거트와 양파로 구성된 3이 정답이다. 1은 양파도 사 와야 하고, 2와 4는 소고기를 사 오라는 언급이 없었으므로 오답이다.

어휘 台所 だいどころ 圏 부엌　何 なに 圏 무엇　買う かう 图 사다
今日 きょう 圏 오늘　昼ご飯 ひるごはん 圏 점심
牛肉 ぎゅうにく 圏 소고기　シチュー 圏 스튜　作る つくる 图 만들다
ヨーグルト 圏 요거트　~てくる ~해 오다
~てください ~해 주세요　分かる わかる 图 알다
入れる いれる 图 넣다　もっと 图 더　おいしい い형 맛있다
~くなる ~해지다　それから 图 그리고　玉ねぎ たまねぎ 圏 양파
お願い おねがい 圏 부탁　苦い にがい い형 쓰다　~から 图 ~해서
嫌いだ きらいだ な형 싫다　だから 图 그러니까
大丈夫だ だいじょうぶだ な형 괜찮다　それ 圏 그것

3 난이도 중

[음성]
図書館で女の人と男の人が話しています。男の人は本を何冊借りますか。

女：上野さんは本を何冊借りますか。
男：この5冊を借ります。読みたい本がたくさんありますから。
女：でも、この図書館では一人3冊までしか借りることができません。2冊は返してきてください。
男：じゃあ、この小説と歴史の本は返してきて、3冊借ります。中村さんは借りませんか。
女：私は音楽の本を1冊借ります。

男の人は本を何冊借りますか。

[문제지]

1　1さつ
2　2さつ
3　3さつ
4　5さつ

해석 도서관에서 여자와 남자가 이야기하고 있습니다. 남자는 책을 몇 권 빌립니까?
　여: 우에노 씨는 책을 몇 권 빌리나요?
　남: 이 5권을 빌릴 거예요. 읽고 싶은 책이 많이 있으니까요.
　여: 하지만, 이 도서관에서는 한 사람당 3권까지밖에 빌릴 수 없어요. 2권은 갖다 놓고 와 주세요.
　남: 그럼, 이 소설과 역사책은 갖다 놓고 와서, 3권 빌릴게요. 나카무라 씨는 빌리지 않나요?
　여: 저는 음악책을 한 권 빌릴 거예요.

남자는 책을 몇 권 빌립니까?

1 1권
2 2권
3 3권
4 5권

해설 여자가 一人3冊までしか借りることができません(한 사람당 3권까지밖에 빌릴 수 없어요)이라고 하자, 남자가 3冊借ります(3권 빌릴게요)라고 했으므로, 3 3さつ(3권)가 정답이다. 1은 여자가 빌리는 수량이고, 2는 남자가 고른 것 중에 빼는 책의 수량이며, 4는 원래 남자가 5권 빌리려고 했던 것이므로 오답이다.

어휘 図書館 としょかん 명 도서관　本 ほん 명 책　何冊 なんさつ 명 몇 권
借りる かりる 동 빌리다　この 이　~冊 ~さつ ~권
読む よむ 동 읽다　~たい ~하고 싶다　たくさん 부 많이
ある 동 있다　~から 조 ~니까　でも 접 하지만
一人 ひとり 명 한 사람　~まで 조 ~까지　~しか ~밖에
~ことができない ~할 수 없다　返す かえす 동 갖다 놓다
~てくる ~해 오다　~てください ~해 주세요　じゃあ 접 그럼
小説 しょうせつ 명 소설　歴史 れきし 명 역사　私 わたし 명 저
音楽 おんがく 명 음악

4　난이도 중상

[음성]
電話で男の人と女の人が話しています。美術館はどこにありますか。

男：もしもし、田中さん。もう美術館に着きましたか。
女：はい。鈴木さんはどこですか。
男：私は今、駅に着きました。すみません。
女：大丈夫です。美術館の場所はわかりますか。駅からまっすぐ行って、最初の交差点を左です。近くに公園があります。
男：わかりました。急いで行きます。

美術館はどこにありますか。

[문제지]

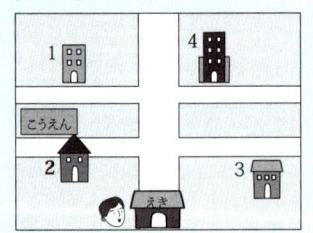

해설 전화로 남자와 여자가 이야기하고 있습니다. 미술관은 어디에 있습니까?

남: 여보세요, 다나카 씨. 벌써 미술관에 도착했습니까?
여: 네. 스즈키 씨는 어디입니까?
남: 저는 지금, 역에 도착했습니다. 죄송합니다.
여: 괜찮습니다. 미술관 장소는 알겠습니까? 역에서 곧장 가서, 첫 교차로에서 왼쪽입니다. 근처에 공원이 있습니다.
남: 알겠습니다. 서둘러서 가겠습니다.

미술관은 어디에 있습니까?

해설 여자가 駅からまっすぐ行って、最初の交差点を左です。近くに公園があります(역에서 곧장 가서, 첫 교차로에서 왼쪽입니다. 근처에 공원이 있습니다)라고 했으므로, 첫 교차로에서 왼쪽으로 돌았을 때 있는 건물인 2가 정답이다.

어휘 電話 でんわ 명 전화　美術館 びじゅつかん 명 미술관　どこ 명 어디
ある 동 있다　もう 부 벌써　着く つく 동 도착하다
私 わたし 명 저, 나　今 いま 명 지금　駅 えき 명 역
大丈夫だ だいじょうぶだ な형 괜찮다　場所 ばしょ 명 장소
わかる 동 알다　~から 조 ~에서　まっすぐ 부 곧장
行く いく 동 가다　最初 さいしょ 명 첫, 최초
交差点 こうさてん 명 교차로, 교차점　左 ひだり 명 왼쪽
近く ちかく 명 근처　公園 こうえん 명 공원　急ぐ いそぐ 동 서두르다

5　난이도 중

[음성]
学校で先生が話しています。学生はどこでテストを受けますか。

男：今日で「日本文化1」の授業は終わりです。来週からはテスト期間です。この授業のテストは3月10日にあります。時間は午後2時からで、場所は一階の103番教室です。今、私たちがいる301番教室ではありませんから、気をつけてください。

学生はどこでテストを受けますか。

[문제지]
1　いっかいの　101ばん
2　いっかいの　103ばん
3　さんがいの　301ばん
4　さんがいの　303ばん

해설 학교에서 선생님이 이야기하고 있습니다. 학생은 어디에서 시험을 치릅니까?

남: 오늘로 '일본 문화 1' 수업은 끝입니다. 다음 주부터는 시험 기간입니다. 이 수업의 시험은 3월 10일에 있습니다. 시간은 오후 2시부터이고, 장소는 일 층의 103번 교실입니다. 지금, 우리들이 있는 301번 교실이 아니니까, 조심해 주세요.

학생은 어디에서 시험을 치릅니까?
1　일 층의 101번
2　일 층의 103번
3　삼 층의 301번
4　삼 층의 303번

해설 선생님이 場所は一階の103番教室です(장소는 일 층의 103번 교실입니다)라고 했으므로, 2 いっかいの103ばん(일 층의 103번)이 정답이다. 1, 4는 언급되지 않았고, 3은 지금 있는 교실이므로 오답이다.

어휘 学校 がっこう 몡학교　先生 せんせい 몡선생(님)
　　 学生 がくせい 몡학생　どこ 어디　テスト 몡시험
　　 受ける うける 통(시험을) 치르다　今日 きょう 몡오늘
　　 日本 にほん 몡일본　文化 ぶんか 몡문화　授業 じゅぎょう 몡수업
　　 終わり おわり 몡끝　来週 らいしゅう 몡다음 주　~から 조~부터
　　 期間 きかん 몡기간　ある 통(사물, 식물이) 있다
　　 時間 じかん 몡시간　午後 ごご 몡오후　~時 ~じ ~시
　　 場所 ばしょ 몡장소　~階 ~かい ~층　教室 きょうしつ 몡교실
　　 今 いま 몡지금　私たち わたしたち 몡우리들
　　 いる 통(사람, 동물이) 있다　気をつける きをつける 조심하다
　　 ~てください ~해 주세요

6 난이도 중

[음성]
店で女の人と男の人が話しています。二人は何色のタオルを買いますか。
女：山田さんへのプレゼントですけど、タオルはどうですか。
男：いいですね。山田さんはよく運動をしますから。
女：色は黄色と白、緑、それから青があります。
男：あ、山田さんは白や青が好きだと聞きました。
女：うーん、でも白は汚れやすいと思います。青にしましょう。
男：そうしましょう。

二人は何色のタオルを買いますか。

[문제지]
1 きいろ
2 しろ
3 みどり
4 あお

해석 가게에서 여자와 남자가 이야기하고 있습니다. **두 사람은 무슨 색** 수건을 삽니까?
여: 야마다 씨의 선물입니다만, 수건은 어떻습니까?
남: 좋네요. 야마다 씨는 자주 운동을 하니까요.
여: 색깔은 노란색과 흰색, 초록색, 그리고 파란색이 있습니다.
남: 아, 야마다 씨는 흰색이나 파란색을 좋아한다고 들었습니다.
여: 음, 하지만 흰색은 더러워지기 쉽다고 생각합니다. **파란색으로 합시다.**
남: 그렇게 합시다.

두 사람은 무슨 색 수건을 삽니까?
1 노란색
2 흰색
3 초록색
4 파란색

해설 여자가 青にしましょう(파란색으로 합시다)라고 하자 남자가 そうしましょう(그렇게 합시다)라고 했으므로, 4 あお(파란색)가 정답이다.

어휘 店 みせ 몡가게　二人 ふたり 몡두 사람　何 なに 몡무슨
　　 色 いろ 몡색　タオル 몡수건　買う かう 통사다
　　 プレゼント 몡선물　~けど ~지만　いい い형좋다　よく 뿐자주
　　 運動 うんどう 몡운동　する 통하다　~から 조~니까
　　 黄色 きいろ 몡노란색　白 しろ 몡흰색　緑 みどり 몡초록색
　　 それから 접그리고　青 あお 몡파란색　ある 통있다
　　 ~や 조~이나　好きだ すきだ な형좋아하다　聞く きく 통듣다
　　 でも 접하지만　汚れる よごれる 통더러워지다
　　 ~やすい ~하기 쉽다　~と思う ~とおもう ~라고 생각하다
　　 ~にする ~로 하다

TIP　うーん(음)과 같이 잠시 고민하거나 생각하는 표현이 나오면 뒤에 제안 사항이나 중요한 결정 사항이 언급될 가능성이 크므로 주의 깊게 듣는다.

7 난이도 상

[음성]
学校で先生が話しています。学生は明日何を持って行きますか。
女：明日はラーメンの工場を見学に行きます。ノートはいりません。今みなさんに渡したプリントを持って来てください。それから、工場を見学してから、自分でラーメンを作ります。作るのに 500 円かかります。ラーメンを作るときに工場の人に渡してください。

学生は明日何を持って行きますか。

[문제지]

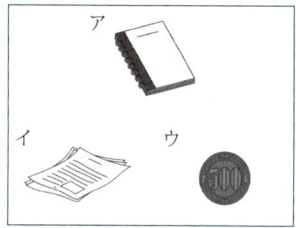

1 ア
2 ア、イ
3 イ、ウ
4 ア、イ、ウ

해석 학교에서 선생님이 이야기하고 있습니다. **학생은 내일 무엇을 가지고 갑니까?**
여: 내일은 라면 공장을 견학하러 갑니다. 공책은 필요 없습니다. **지금 여러분에게 건넨 프린트를 가지고 와 주세요.** 그리고, 공장을 견학하고 나서, 스스로 라면을 만듭니다. 만드는 데 500 엔 듭니다. 라면을 만들 때에 공장 사람에게 건네주세요.

학생은 내일 **무엇**을 가지고 갑니까?

해설 선생님이 今みなさんに渡したプリントを持って来てください(지금 여러분에게 건넨 프린트를 가지고 와 주세요)라고 한 후, 作るのに500円かかります。ラーメンを作るときに工場の人に渡してください(만드는 데 500엔 듭니다. 라면을 만들 때에 공장 사람에게 건네주세요)라고 했으므로, 프린트 그림인 イ와 500엔 동전 그림인 ウ로 구성된 3이 정답이다. 그림 ア의 공책은 필요 없다고 했으므로 1, 2, 4는 오답이다.

어휘 学校 がっこう 명 학교   先生 せんせい 명 선생(님)
学生 がくせい 명 학생   明日 あした 명 내일   何 なに 명 무엇
持つ もつ 동 가지다   行く いく 동 가다   ラーメン 명 라면
工場 こうじょう 명 공장   見学 けんがく 명 견학   ノート 명 공책
いる 동 필요하다   今 いま 명 지금   みなさん 명 여러분
渡す わたす 동 건네다   プリント 명 프린트   来る くる 동 오다
~てください ~해 주세요   それから 접 그리고
~てから ~고 나서   自分で じぶんで 스스로   作る つくる 동 만들다
かかる 동 들다   とき 명 때   人 ひと 명 사람

☞ 문제 2에서는, 먼저 질문을 들어주세요. 그리고 이야기를 듣고, 문제 용지의 1부터 4 중에서, 가장 알맞은 것을 하나 골라주세요.

문제 2의 디렉션과 예제

もんだい2では、はじめにしつもんを聞いてください。それから話を聞いて、もんだいようしの1から4の中から、いちばんいいものを一つえらんでください。では練習しましょう。

女の人と男の人が話しています。二人は週末、どこに行きますか。

女：週末、どこに行きましょうか。
男：先週は海に行きましたから、海や山など、遠いところには行きたくありません。
女：そうですね。じゃあ、美術館はどうですか。
男：美術館はちょっと…。あ、**映画館**はどうですか。
女：**いいですね**。私、見たい映画があります。
男：じゃあ、そうしましょう。

二人は週末、どこに行きますか。

1 うみ
2 やま
3 びじゅつかん
4 えいがかん

いちばんいいものは4ばんです。かいとうようしのもんだい2の例のところを見てください。いちばんいいものは4ばんですから、答えはこのように書きます。では、始めます。

해석 문제 2에서는, 먼저 질문을 들어 주세요. 그리고 이야기를 듣고, 문제 용지의 1부터 4 중에서, 가장 알맞은 것을 하나 골라 주세요. 그러면 연습해 봅시다.

여자와 남자가 이야기하고 있습니다. **두 사람**은 주말, **어디**에 갑니까?

여: 주말, 어디에 갈까요?
남: 지난주는 바다에 갔으니까, 바다나 산 등, 먼 곳에는 가고 싶지 않아요.
여: 그러네요. 그러면, 미술관은 어때요?
남: 미술관은 좀…. 아, **영화관은 어때요**?
여: **좋네요**. 저, 보고 싶은 영화가 있어요.
남: 그러면, **그렇게 합시다**.

두 사람은 주말, **어디**에 갑니까?

1 바다
2 산
3 미술관
4 영화관

가장 알맞은 것은 4번입니다. 정답 용지의 문제 2의 예시 부분을 봐 주세요. 가장 알맞은 것이 4번이기 때문에, 정답은 이와 같이 표시합니다. 그러면, 시작합니다.

1 난이도 중

[음성]
会社で女の人と男の人が話しています。**男の人**は金曜日に**何**をしますか。

女：東京での生活はどうですか。
男：最初は人が多くて電車に乗ることも大変でした。
女：そうですよね。
男：でも最近は生活に慣れたので、絵と英語を習い始めました。
女：いいですね。週末に習いますか。
男：いいえ、絵は火曜日、**英語は金曜日**です。週末は家で読書をしたり、映画を見たりします。

男の人は金曜日に何をしますか。

[문제지]

해석 회사에서 여자와 남자가 이야기하고 있습니다. **남자**는 금요일에 **무엇**을 합니까?

여: 도쿄에서의 생활은 어떻습니까?
남: 처음은 사람이 많아서 전철을 타는 것도 힘들었습니다.
여: 그렇죠.
남: 하지만 최근에는 생활에 익숙해졌기 때문에, 그림과 영어를 배우기 시작했습니다.
여: 좋네요. 주말에 배웁니까?
남: 아니요, 그림은 화요일, **영어는 금요일입니다**. 주말은 집에서 독서를 하거나, 영화를 보거나 합니다.

남자는 금요일에 **무엇**을 합니까?

해설 여자가 영어를 주말에 배우는지 묻자, 남자가 英語は金曜日です(영어는 금요일입니다)라고 언급했으므로, 영어 회화하는 그림인 2가 정답이다. 1은 화요일에 배운다고 했고, 3, 4는 주말에 한다고 했으므로 오답이다.

어휘 会社 かいしゃ 명회사　金曜日 きんようび 명금요일　何 なに 명무엇 する 통하다　東京 とうきょう 명도쿄　生活 せいかつ 명생활 最初 さいしょ 명처음　人 ひと 명사람　多い おおい い형많다 電車 でんしゃ 명전철　乗る のる 통타다 大変だ たいへんだ な형힘들다　でも 접하지만 最近 さいきん 명최근　慣れる なれる 통익숙해지다 ~ので 조~때문에　絵 え 명그림　英語 えいご 명영어 習う ならう 통배우다　~始める ~はじめる ~하기 시작하다 いい い형좋다　週末 しゅうまつ 명주말　火曜日 かようび 명화요일 家 いえ 명집　読書 どくしょ 명독서 ~たり~たりする ~하거나 ~하거나 하다　映画 えいが 명영화 見る みる 통보다

해석 카페에서 여자와 남자가 이야기하고 있습니다. **여자**는 **무엇**을 키우고 있습니까?

여: 이 카페, 개도 함께 들어갈 수 있군요.
남: 네. 개는 정말로 귀여워요. 저도 키우고 있어요.
여: 그래요? **저희 집에는 고양이가 한 마리 있어요**.
남: 와, 고양이도 귀엽죠. 언젠가 키우고 싶어요.
여: 개는 한 마리예요?
남: 네. 그리고 물고기가 3마리 있어요.
여: 어, **저도 물고기를 키우고 있어요**.

여자는 **무엇**을 키우고 있습니까?

1 개
2 고양이
3 개와 물고기
4 고양이와 물고기

해설 남자가 개를 키우고 있다는 말에 여자가 うちには猫が一匹います(저희 집에는 고양이가 한 마리 있어요)라고 하고, 또 남자가 물고기가 3마리 있다고 하자, 여자가 私も魚を飼っていますよ(저도 물고기를 키우고 있어요)라고 언급했으므로, 4 ねことさかな(고양이와 물고기)가 정답이다. 1과 3은 남자가 키우는 것이고, 2는 고양이뿐만 아니라 물고기도 키우고 있으므로 오답이다.

어휘 カフェ 명카페　何 なに 명무엇　飼う かう 통키우다　この 이 犬 いぬ 명개　一緒に いっしょに 用함께　入る はいる 통들어가다 ~ことができる ~할 수 있다　本当に ほんとうに 用정말 可愛い かわいい い형귀엽다　僕 ぼく 명저, 나　うち 명집 猫 ねこ 명고양이　~匹 ~ひき ~마리　いる 통있다 いつか 用언젠가　~たい ~하고 싶다　それから 접그리고 魚 さかな 명물고기　私 わたし 명저, 나

2　난이도 상

[음성]
カフェで女の人と男の人が話しています。女の人は何を飼っていますか。

女: このカフェ、犬も一緒に入ることができるんですね。
男: はい。犬は本当に可愛いです。僕も飼っています。
女: そうですか。うちには猫が一匹います。
男: へえ、猫も可愛いですよね。いつか飼いたいです。
女: 犬は一匹ですか。
男: はい。それから魚が三匹います。
女: え、私も魚を飼っていますよ。

女の人は何を飼っていますか。

[문제지]

1　いぬ
2　ねこ
3　いぬと　さかな
4　ねこと　さかな

3　난이도 중

[음성]
学校で男の学生と女の学生が話しています。男の学生はいつ国に帰りますか。男の学生です。

男: 明日から夏休みですね。アリサさんは国に帰りますか。
女: はい。私は4日に帰って19日に日本に戻る予定です。キムさんは帰りませんか？
男: 私も帰ります。8日から15日までの一週間だけですが。
女: 1週間は少し短くないですか。
男: はい。でも、アルバイトがあるので、長く国にいることができません。

男の学生はいつ国に帰りますか。

[문제지]

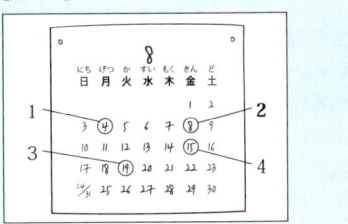

해석 학교에서 남학생과 여학생이 이야기하고 있습니다. 남학생은 언제 고국으로 돌아갑니까? 남학생입니다.

남: 내일부터 여름 방학이네요. 아리사 씨는 고국으로 돌아갑니까?
여: 네. 저는 4일에 돌아가서 19일에 일본에 돌아올 예정입니다. 김 씨는 돌아가지 않습니까?
남: 저도 돌아갑니다. 8일부터 15일까지의 일주일뿐입니다만.
여: 일주일은 조금 짧지 않습니까?
남: 네. 하지만, 아르바이트가 있기 때문에, 길게 고국에 있을 수 없습니다.

남학생은 언제 고국으로 돌아갑니까?

해설 여학생이 김 씨는 돌아가지 않는지 묻자, 남학생이 私も帰ります。8日から15日までの1週間だけですが(저도 돌아갑니다. 8일부터 15일까지의 일주일뿐입니다만)라고 언급했으므로, 8일인 2가 정답이다. 1은 여학생이 고국으로 돌아가는 날짜이고, 3은 남학생이 일본으로 돌아오는 날짜이며, 4는 여학생이 일본으로 돌아오는 날짜이므로 오답이다.

어휘 学校 がっこう 團 학교   学生 がくせい 團 학생   いつ 團 언제
国 くに 團 고국, 나라   帰る かえる 통 돌아가다   明日 あした 團 내일
~から 조 ~부터   夏休み なつやすみ 團 여름 방학
私 わたし 團 저, 나   日本 にほん 團 일본   戻る もどる 통 돌아오다
予定 よてい 團 예정   ~まで ~까지
一週間 いっしゅうかん 團 일주일   ~だけ 조 ~뿐   少し すこし 분 조금
短い みじかい い형 짧다   でも 접 하지만   アルバイト 團 아르바이트
ある 통 (사물, 식물이) 있다   ~ので ~때문에
長い ながい い형 길다   いる 통 (사람, 동물이) 있다

TIP いつ(언제)를 묻는 질문인 경우, 대화 중에 언급되는 날짜나 요일, 시간 표현을 주의 깊게 듣는다.

---

4   난이도 중상

[음성]
会社で男の人と女の人が話しています。女の人は何の運動をしていますか。
男: 木村さんは何か運動をしていますか。
女: はい。水泳をしています。学生の時からやっています。
男: そうですか。私は学生の時、バスケをしていました。
女: 今もやっていますか。

男: いいえ、大人になって運動をしていません。だから、新しい運動を始めたいです。
女: 最近はテニスやランニングが人気ですよ。
男: そうですか。考えてみます。

女の人は何の運動をしていますか。

[문제지]
1 すいえい
2 バスケ
3 テニス
4 ランニング

해석 회사에서 남자와 여자가 이야기하고 있습니다. 여자는 무슨 운동을 하고 있습니까?

남: 기무라 씨는 뭔가 운동을 하고 있습니까?
여: 네. 수영을 하고 있습니다. 학생 때부터 하고 있습니다.
남: 그렇습니까? 저는 학생 때, 농구를 했었습니다.
여: 지금도 하고 있습니까?
남: 아니요, 어른이 되고 운동을 하고 있지 않습니다. 그래서, 새로운 운동을 시작하고 싶습니다.
여: 최근에는 테니스나 달리기가 인기예요.
남: 그렇습니까? 생각해 보겠습니다.

여자는 무슨 운동을 하고 있습니까?

1 수영
2 농구
3 테니스
4 달리기

해설 남자가 뭔가 운동을 하고 있는지 묻자, 여자가 はい。水泳をしています(네. 수영을 하고 있습니다)라고 언급했으므로, 1 すいえい(수영)가 정답이다. 2는 남자가 학생 때 했던 운동이고, 3, 4는 최근에 인기인 운동이므로 오답이다.

어휘 会社 かいしゃ 團 회사   運動 うんどう 團 운동   する 통 하다
~ている ~하고 있다   水泳 すいえい 團 수영
学生 がくせい 團 학생   時 とき 團 때   ~から 조 ~부터
やる 통 하다   私 わたし 團 저, 나   バスケ 團 농구   今 いま 團 지금
大人 おとな 團 어른   なる 통 되다   だから 접 그래서
新しい あたらしい い형 새롭다   始める はじめる 통 시작하다
~たい ~하고 싶다   最近 さいきん 團 최근   テニス 團 테니스
ランニング 團 달리기   人気 にんき 團 인기
考える かんがえる 통 생각하다   ~てみる ~해 보다

---

5   난이도 중

[음성]
会議で女の人と男の人が話しています。男の人は資料を何枚コピーしますか。

女: この資料のコピーをお願いします。会議で使います。
男: わかりました。会議に参加する人は7人ですか。
女: いいえ、6人です。あ、でも、私は資料がありますから、5枚でいいです。
男: はい。
女: 会議は4時に始まりますから、その前までにお願いしますね。

男の人は資料を何枚コピーしますか。

[問題지]
1 4まい
2 5まい
3 6まい
4 7まい

해석 회의에서 여자와 남자가 이야기하고 있습니다. 남자는 자료를 몇 장 복사합니까?

여: 이 자료의 복사를 부탁합니다. 회의에서 사용합니다.
남: 알겠습니다. 회의에 참석하는 사람은 7명입니까?
여: 아니요, 6명입니다. 아, 하지만, 저는 자료가 있으니까, 5장이면 됩니다.
남: 네.
여: 회의는 4시에 시작되니까, 그 전까지 부탁할게요.

남자는 자료를 몇 장 복사합니까?

1 4장
2 5장
3 6장
4 7장

해설 남자가 회의에 참석하는 사람이 7명인지 묻자, 여자가 6人です。あ、でも、私は資料がありますから、5枚でいいです(6명입니다. 아, 하지만, 저는 자료가 있으니까, 5장이면 됩니다)라고 언급했으므로, 2 5まい(5장)가 정답이다. 1은 회의 시간이 4시라고 했고, 3은 회의에 참석하는 인원수이며, 4는 참석 인원이 7명인지 물어본 것이므로 오답이다.

어휘 会議 かいぎ 圓회의   資料 しりょう 圓자료   ~枚 ~まい ~장
コピー 圓복사   お願い おねがい 圓부탁   使う つかう 圄사용하다
わかる 圄알다   参加 さんか 圓참가   人 ひと 圓사람
~人 ~にん ~명   でも 쥡하지만   私 わたし 떼저, 나   ある 圄있다
~から ~니까   いい い휑되다, 괜찮다   ~時 ~じ ~시
始まる はじまる 圄시작되다   前 まえ 圓전   ~までに ~까지

TIP でも(하지만)와 같이 반전되는 표현이 나오는 경우, 뒤에 정답의 단서가 자주 언급되므로 주의 깊게 듣는다.

6 난이도 중상

[음성]
学校で男の学生と女の学生が話しています。女の学生は誰とコンサートに行きましたか。

男: 週末、アイドルのコンサートに行くと言っていましたよね。どうでしたか。
女: とても楽しかったです。
男: 一人で行きましたか。それとも友達と行きましたか。
女: 母と行きました。
男: え、お母さんもアイドルが好きですか。
女: いえ、本当は姉と行く予定でしたが、姉が風邪をひいたので母と行きました。

女の学生は誰とコンサートに行きましたか。

[問題지]
1 ひとり
2 ともだち
3 はは
4 あね

해석 학교에서 남학생과 여학생이 이야기하고 있습니다. 여학생은 누구와 콘서트에 갔습니까?

남: 주말에, 아이돌 콘서트에 간다고 말했었지요? 어땠습니까?
여: 매우 즐거웠습니다.
남: 혼자서 갔습니까? 아니면 친구와 갔습니까?
여: 엄마와 갔습니다.
남: 아, 어머니도 아이돌을 좋아합니까?
여: 아니요, 사실은 언니와 갈 예정이었지만, 언니가 감기에 걸렸기 때문에 엄마와 갔습니다.

여학생은 누구와 콘서트에 갔습니까?

1 혼자
2 친구
3 엄마
4 언니

해설 남자가 누구랑 갔는지 묻자, 여자가 母と行きました(엄마와 갔습니다)라고 언급했으므로, 3 はは(엄마)가 정답이다. 1과 2는 남자가 혼자 갔는지 친구랑 갔는지 물어본 것이고, 4는 원래 같이 가려고 했지만 그러지 못했으므로 오답이다.

어휘 学校 がっこう 圓학교   学生 がくせい 圓학생   誰 だれ 圓누구
コンサート 圓콘서트   行く いく 圄가다   週末 しゅうまつ 圓주말
アイドル 圓아이돌   言う いう 圄말하다   ~ている ~하고 있다
とても 튀매우   楽しい たのしい い휑즐겁다   一人 ひとり 圓혼자
それとも 쥡아니면   友達 ともだち 圓친구   母 はは 圓엄마
お母さん おかあさん 圓어머니   好きだ すきだ な휑좋아하다
本当 ほんとう 圓사실, 정말   姉 あね 圓언니, 누나
予定 よてい 圓예정   風邪 かぜ 圓감기   ひく 圄(감기에) 걸리다
~ので 쥡~때문에

☞ 문제 3에서는, 그림을 보면서 질문을 들어주세요. ➡(화살표)의 사람은 뭐라고 말합니까? 1부터 3 중에서, 가장 알맞은 것을 하나 골라주세요.

문제 3의 디렉션과 예제

[문제지]

[음성]
もんだい3では、えを見ながらしつもんを聞いてください。➡（やじるし）の人は何と言いますか。1から3の中から、いちばんいいものを一つえらんでください。では練習しましょう。

水が飲みたいです。お店の人に何と言いますか。
女：1　こちらです。どうぞ。
　　2　すみません、水ください。
　　3　水、おいしいですね。

いちばんいいものは2ばんです。かいとうようしのもんだい3の例のところを見てください。いちばんいいものは2ばんですから、答えはこのように書きます。では、始めます。

해석 문제 3에서는, 그림을 보면서 질문을 들어 주세요. ➡(화살표)의 사람은 뭐라고 말합니까? 1부터 3 중에서, 가장 알맞은 것을 하나 골라 주세요. 그러면 연습해 봅시다.

물을 마시고 싶습니다. 가게 사람에게 뭐라고 말합니까?
여: 1　이쪽입니다. 앉으세요.
　　2　실례합니다, 물 주세요.
　　3　물, 맛있네요.

가장 알맞은 것은 2번입니다. 정답 용지의 문제 3의 예시 부분을 봐 주세요. 가장 알맞은 것이 2번이기 때문에, 정답은 이와 같이 표시합니다. 그러면, 시작합니다.

1　난이도 중상

[문제지]

[음성]
時計を忘れました。時間が知りたいです。友達に何と言いますか。
女：1　今、何時ですか。
　　2　時間がありますか。
　　3　時計をなくしました。

해석 시계를 깜빡 잊었습니다. 시간을 알고 싶습니다. 친구에게 뭐라고 말합니까?
여: **1　지금, 몇 시입니까?**
　　2　시간이 있습니까?
　　3　시계를 분실했어요.

해설 친구에게 시간을 묻는 말을 고르는 문제이다.
1 (O) 今、何時ですか(지금, 몇 시입니까)는 지금의 시간을 묻는 말이므로 정답이다.
2 (X) 時間がありますか(시간이 있습니까)는 시간이 있는지 묻는 말이므로 오답이다.
3 (X) 時計をなくしました(시계를 분실했어요)는 시계를 깜빡 두고 온 것이지 분실한 것은 아닌 상황에 할 수 없는 말이므로 오답이다.

어휘 時計 とけい 圏시계　忘れる わすれる 圄깜빡 잊다
　　時間 じかん 圏시간　知る しる 圄알다　～たい ~하고 싶다
　　友達 ともだち 圏친구　今 いま 圏지금　～時 ～じ ~시
　　ある 圄있다　なくす 圄분실하다　～てください ~해 주세요

2　난이도 중상

[문제지]

[음성]
大森駅に行きたいです。タクシーの運転手に何と言いますか。

女：1 大森駅は近いです。
　　2 大森駅までお願いできますか。
　　3 大森駅から来ました。

해석 오오모리역에 가고 싶습니다. 택시 운전사에게 뭐라고 말합니까?

여: 1 오오모리역은 가까워요.
　　2 오오모리역까지 부탁할 수 있을까요?
　　3 오오모리역에서 왔어요.

해설 택시 운전사에게 가고 싶은 목적지를 전하는 말을 고르는 문제이다.
　　1 (X) 大森駅は近いです(오오모리역은 가까워요)는 오오모리역에 가달라는 것이 아닌 단순한 사실 전달이므로 오답이다.
　　2 (O) 大森駅までお願いできますか(오오모리역까지 부탁할 수 있을까요?)는 가고 싶은 목적지를 전하는 의도이므로 정답이다.
　　3 (X) 大森駅から来ました(오오모리역에서 왔어요)는 현재 가려고 하고 있는 목적지에서 왔다는 말이므로 오답이다.

어휘 駅 えき 圏역　行く いく 圄가다　~たい ~하고 싶다
タクシー 圏택시　運転手 うんてんしゅ 圏운전사
近い ちかい い형 가깝다　~まで 조 ~까지　お願い おねがい 圏부탁
できる 图할 수 있다　~から 조 ~에서　来る くる 图오다

3 난이도 중

[문제지]

[음성]
友達が誕生日です。友達に何と言いますか。

女：1 どういたしまして。
　　2 ありがとうございます。
　　3 おめでとうございます。

해석 친구가 생일입니다. 친구에게 뭐라고 말합니까?

여: 1 천만에요.
　　2 감사합니다.
　　3 축하합니다.

해설 생일인 친구를 축하하는 말을 고르는 문제이다.
　　1 (X) どういたしまして(천만에요)는 감사 인사를 받았을 때 겸손함을 표현하는 인사말이므로 오답이다.

　　2 (X) ありがとうございます(감사합니다)는 고마움을 전하는 말이므로 오답이다.
　　3 (O) おめでとうございます(축하합니다)는 축하하는 의도의 말이므로 정답이다.

어휘 友達 ともだち 圏친구　誕生日 たんじょうび 圏생일

TIP 상황 설명에서 誕生日(たんじょうび, 생일), 合格(ごうかく, 합격) 등의 기쁘고 좋은 일이 언급되면 축하하는 말을 정답으로 고른다.

4 난이도 중상

[문제지]

[음성]
映画を見ています。隣の人たちが話しています。何と言いますか。

男：1 ここで話をしてはいけません。
　　2 ここで見ましょうか。
　　3 ここでは話したくないです。

해석 영화를 보고 있습니다. 옆 사람들이 이야기하고 있습니다. 뭐라고 말합니까?

남: 1 여기에서 이야기를 하면 안 됩니다.
　　2 여기에서 볼까요?
　　3 여기에서는 말하고 싶지 않습니다.

해설 극장에서 떠드는 사람들에게 주의를 주는 말을 고르는 문제이다.
　　1 (O) ここで話をしてはいけません(여기에서 이야기를 하면 안 됩니다)은 조용히 해 달라는 의도의 말이므로 정답이다.
　　2 (X) ここで見ましょうか(여기에서 볼까요?)는 여기에서 보자고 권유하는 말이므로 오답이다.
　　3 (X) ここでは話したくないです(여기에서는 말하고 싶지 않습니다)는 말을 해 달라고 부탁받은 사람이 할 수 있는 말이므로 오답이다.

어휘 映画 えいが 圏영화　見る みる 图보다　~ている ~하고 있다
隣 となり 圏옆　人 ひと 圏사람　話す はなす 图이야기하다
ここ 圏여기　話 はなし 圏이야기　する 图하다
~てはいけない ~하면 안 된다　~たい ~하고 싶다

5 난이도 상

[문제지]

[음성]
後輩が8時を過ぎても働いていて、帰りません。後輩に何と言いますか。

女：1　もう遅いですから、帰りましょう。
　　2　もう帰りましたか。
　　3　7時に帰ってしまいました。

해석 후배가 8시가 지나도 일하고 있고, 돌아가지 않습니다. 후배에게 뭐라고 말합니까?

여: **1 이제 늦었으니까, 돌아갑시다.**
　　2 이미 돌아갔나요?
　　3 7시에 돌아가 버렸습니다.

해설 늦게까지 일하는 후배에게 퇴근을 권유하는 말을 고르는 문제이다.
1 (O) もう遅いですから、帰りましょう(이제 늦었으니까, 돌아갑시다)는 이제 늦었으니 돌아가자고 권유하는 말이므로 정답이다.
2 (X) もう帰りましたか(이미 돌아갔나요)는 아직 회사에 남아서 일하고 있는 후배에게 할 수 없는 말이므로 오답이다.
3 (X) 7時に帰ってしまいました(7시에 돌아가 버렸습니다)는 찾고 있는 사람이 몇 시에 돌아갔는지 질문을 받은 사람이 할 수 있는 말이므로 오답이다.

어휘 後輩 こうはい 圏후배　~時 ~じ ~시　過ぎる すぎる 園지나다
　　働く はたらく 園일하다　~ている ~하고 있다
　　帰る かえる 園돌아가다　もう 囲이제　遅い おそい い園늦다
　　~から 国~니까　~てしまう ~해 버리다

☞ 문제 4는, 그림 등이 없습니다. 문장을 듣고 1부터 3 중에서, 가장 알맞은 것을 하나 골라 주세요.

문제 4의 디렉션과 예제

もんだい4は、えなどがありません。ぶんを聞いて1から3の中から、いちばんいいものを一つえらんでください。では練習しましょう。

女：兄弟はいますか。

男：1　いえ、あまりありません。
　　2　はい、妹がいます。
　　3　家族が多いですね。

いちばんいいものは2ばんです。かいとうようしのもんだい4の例のところを見てください。いちばんいいものは2ばんですから、答えはこのように書きます。では、始めます。

해석 문제 4는, 그림 등이 없습니다. 문장을 듣고 1부터 3 중에서, 가장 알맞은 것을 하나 골라 주세요. 그러면 연습해 봅시다.

여: 형제는 있습니까?

남: 1 아니요, 그다지 없습니다.
　　2 네, 여동생이 있습니다.
　　3 가족이 많네요.

가장 알맞은 것은 2번입니다. 정답 용지의 문제 4의 예시 부분을 봐 주세요. 가장 알맞은 것이 2번이기 때문에, 정답은 이와 같이 표시합니다. 그러면, 시작합니다.

1 난이도 중

[음성]
女：そのくつはどこで買いましたか。
男：1　赤いくつです。
　　2　韓国です。
　　3　去年買いました。

해석 여: 그 신발은 어디에서 샀습니까?
남: 1 빨간 신발입니다.
　　2 한국입니다.
　　3 작년에 샀습니다.

해설 여자가 남자에게 신발을 어디에서 샀는지 묻고 있다.
1 (X) くつ(신발)를 반복 사용하여 혼동을 준 오답이다.
2 (O) どこで買いましたか(어디에서 샀습니까)라는 의문문에 대한 적절한 응답이다.
3 (X) いつ買いましたか(언제 샀습니까)라는 질문에 대한 답변이므로 오답이다.

어휘 その 그　くつ 圏신발　どこ 圏어디　買う かう 園사다
　　赤い あかい い園빨갛다　韓国 かんこく 圏한국
　　去年 きょねん 圏작년

2 난이도 중상

[음성]
男：あれ、電車が止まっていますね。
女：1　事故ですかね。
　　2　止まるかもしれませんよ。
　　3　もう乗りましたか。

해석 남: 어라, 전철이 멈춰 있네요.
　　여: 1 사고인 걸까요?
　　　　2 멈출지도 몰라요.
　　　　3 벌써 탔어요?

해설 남자가 여자에게 전철이 멈춰 있다며 의아해하고 있다.
　1 (O) '事故ですかね(사고인 걸까요)'는 전철이 멈춘 이유를 추측하는 말이므로 적절한 응답이다.
　2 (X) 止まって(멈춰)를 止まる(멈출)로 반복 사용하여 혼동을 준 오답이다.
　3 (X) 電車(전철)와 관련된 乗る(타다)를 사용하여 혼동을 준 오답이다.

어휘 あれ 어라　電車 でんしゃ 명 전철　止まる とまる 동 멈추다
　〜ている ~해 있다　事故 じこ 명 사고
　〜かもしれない ~일지도 모르다　もう 부 벌써　乗る のる 동 타다

3 난이도 중상

[음성]

女: どんなかばんを探していますか。
男: 1 じゃあ、こちらはどうですか。
　　2 すてきなかばんですね。
　　3 丈夫で大きいのがいいです。

해석 여: 어떤 가방을 찾고 있습니까?
　　남: 1 그러면, 이쪽은 어떻습니까?
　　　　2 멋진 가방이네요.
　　　　3 튼튼하고 큰 것이 좋습니다.

해설 여자가 남자에게 어떤 가방을 찾고 있는지 묻고 있다.
　1 (X) 가방을 추천하기 위해 여자가 할 수 있는 말이므로 오답이다.
　2 (X) どんなかばん(어떤 가방)과 관련된 すてきなかばん(멋진 가방)을 사용하여 혼동을 준 오답이다.
　3 (O) 어떤 가방을 찾고 있는지 설명하는 말이므로 적절한 응답이다.

어휘 どんな 어떤　かばん 명 가방　探す さがす 동 찾다
　〜ている ~하고 있다　じゃあ 접 그러면　こちら 명 이쪽
　すてきだ な형 멋지다　丈夫だ じょうぶだ な형 튼튼하다
　大きい おおきい い형 크다　いい い형 좋다

TIP どんな~(어떤~)는 상태를 묻는 표현이므로, 상태나 특징을 묘사하는 내용을 정답으로 고른다.

4 난이도 중상

[음성]

男: あそこのラーメン屋はどうだった?
女: 1 あそこがラーメン屋なんだね。
　　2 なかなかおいしかったよ。
　　3 ラーメンにしよう。

해석 남: 저기 라면 가게는 어땠어?
　　여: 1 저기가 라면 가게구나.
　　　　2 꽤 맛있었어.
　　　　3 라면으로 하자.

해설 남자가 여자에게 라면 가게가 어땠는지 묻고 있다.
　1 (X) あそこ(저기)와 ラーメン屋(라면 가게)를 반복 사용하여 혼동을 준 오답이다.
　2 (O) 라면 가게의 라면이 맛있었다는 말이므로 적절한 응답이다.
　3 (X) ラーメン(라면)을 반복 사용하여 혼동을 준 오답이다.

어휘 あそこ 명 저기　ラーメン屋 ラーメンや 라면 가게
　なかなか 부 꽤　おいしい い형 맛있다　ラーメン 명 라면
　〜にする ~로 하다

5 난이도 중

[음성]

女: いつから日本に住んでいますか。
男: 1 去年の夏からです。
　　2 日本が好きだからです。
　　3 私は留学生です。

해석 여: 언제부터 일본에 살고 있습니까?
　　남: 1 작년 여름부터입니다.
　　　　2 일본을 좋아하기 때문입니다.
　　　　3 저는 유학생입니다.

해설 여자가 남자에게 언제부터 일본에 살고 있는지 묻고 있다.
　1 (O) 일본에 살기 시작한 시점을 알려 주고 있으므로 적절한 응답이다.
　2 (X) どうして日本に住んでいますか(어째서 일본에 살고 있습니까)라는 질문에 대한 답변이므로 오답이다.
　3 (X) 日本に住んでいますか(일본에 살고 있습니까)와 관련된 留学生(유학생)를 사용하여 혼동을 준 오답이다.

어휘 いつ 명 언제　〜から 조 ~부터　日本 にほん 명 일본
　住む すむ 동 살다　〜ている ~하고 있다　去年 きょねん 명 작년
　夏 なつ 명 여름　好きだ すきだ な형 좋아하다　〜から 조 ~때문에
　私 わたし 저, 나　留学生 りゅうがくせい 명 유학생

TIP いつ(언제)인지 물었으므로, 날짜나 시기를 답하는 내용을 정답으로 고른다.

6 난이도 중

[음성]

男: すみません、このバナナはいくらですか。
女: 1 五つです。
　　2 一本です。
　　3 300円です。

해석 남: 실례합니다, 이 바나나는 얼마입니까?
　　여: 1 다섯 개입니다.

2 한 개입니다.
3 300엔입니다.

해설 남자가 여자에게 바나나의 가격을 묻고 있다.
1 (X) いくつですか(몇 개입니까)라는 질문에 대한 답변이므로 오답이다.
2 (X) いくつですか(몇 개입니까)라는 질문에 대한 답변이므로 오답이다. 바나나같이 가늘고 긴 모양의 물건을 셀 때 사용하는 ~本(~개)을 사용하여 혼동을 주기도 했다.
3 (O) いくらですか(얼마입니까)라는 의문문에 대한 적절한 응답이다.

어휘 バナナ 몡 바나나   いくら 몡 얼마   五つ いつつ 다섯 개
~本 ~ほん ~개, 자루   円 えん 몡 엔

TIP いくら(얼마)인지 물었으므로, 금액을 답하는 내용을 정답으로 고른다.

무료 온라인 실전모의고사·학습자료 제공
해커스일본어 japan.Hackers.com

제2회 실전모의고사

언어지식(문자·어휘)

문제 1
1	2
2	1
3	3
4	2
5	4
6	1
7	3

문제 2
8	2
9	3
10	1
11	4
12	1

문제 3
13	2
14	3
15	2
16	4
17	2
18	3

문제 4
19	4
20	3
21	1

언어지식(문법)

문제 1
1	4
2	2
3	1
4	3
5	1
6	4
7	1
8	4
9	3

문제 2
10	3
11	1
12	3
13	3

문제 3
14	1
15	3
16	2
17	4

독해

문제 4
18	3
19	2

문제 5
20	4
21	2

문제 6
22	1

청해

문제 1
1	2
2	1
3	3
4	1
5	1
6	4
7	2

문제 2
1	3
2	4
3	1
4	1
5	2
6	3

문제 3
1	1
2	2
3	2
4	3
5	1

문제 4
1	2
2	1
3	3
4	1
5	3
6	1

언어지식(문자·어휘) p.69

문제 1의 디렉션

문제1 _____ 의 말은 히라가나로 어떻게 씁니까? 1·2·3·4에서 가장 알맞은 것을 하나 골라 주세요.

1 난이도 중상

이 주스는 <u>백 엔百円</u>입니다.

1 십 엔   **2 백 엔**
3 천 엔   4 만 엔

해설 百円은 2 ひゃくえん으로 발음한다.

어휘 百円 ひゃくえん 명 백 엔   この 이   ジュース 명 주스
   じゅうえん 명 십 엔   せんえん 명 천 엔   ~まんえん ~만 엔

TIP 百円(ひゃくえん, 백 엔) 외에도 五千円(ごせんえん, 오천 엔), 七千円(ななせんえん, 칠천 엔)과 같은 가격 관련 문제가 자주 출제되므로 함께 알아 둔다.

2 난이도 중상

처음으로 일본에 <u>왔습니다来ました</u>.

1 왔습니다   2 (없는 단어)
3 (없는 단어)   4 (없는 단어)

해설 来ました는 1 きました로 발음한다.

어휘 来る くる 동 오다   はじめて 분 처음으로   にほん 명 일본

TIP 来る(くる)의 来는 来ました에서는 き지만 来られる에서는 こ, 来れば에서는 く이므로 활용형에 따라 올바르게 구별하여 읽어야 한다.

3 난이도 중

아이가 <u>마당庭</u>에서 놀고 있습니다.

1 바다   2 산
3 마당   4 길

해설 庭는 3 にわ로 발음한다.

어휘 庭 にわ 명 마당   こども 명 아이   あそぶ 동 놀다
   ~ている ~하고 있다   海 うみ 명 바다   山 やま 명 산
   道 みち 명 길

4 난이도 상

여동생은 <u>외국外国</u>의 대학을 나왔습니다.

1 (없는 단어)   **2 외국**
3 (없는 단어)   4 (없는 단어)

해설 外国는 2 がいこく로 발음한다. がい가 탁음인 것과 国는 음독으로 こく, 훈독으로 くに로 발음할 수 있는데, 外国의 경우에는 こく로 발음하는 것에 주의한다.

어휘 外国 がいこく 명 외국   いもうと 명 여동생   だいがく 명 대학
   でる 동 나오다

TIP 国가 포함된 명사로 全国(ぜんこく, 전국), 韓国(かんこく, 한국), 中国(ちゅうごく, 중국)도 출제될 수도 있으므로 함께 알아 둔다.

5 난이도 중

벌써 <u>읽었습니까読みましたか</u>?

1 부탁했습니까   2 쉬었습니까
3 마셨습니까   **4 읽었습니까**

해설 読みましたか는 4 よみましたか로 발음한다.

어휘 読む よむ 동 읽다   もう 분 벌써   頼む たのむ 동 부탁하다
   休む やすむ 동 쉬다   飲む のむ 동 마시다

6 난이도 중

회사 화장실은 <u>적습少ない</u>니다.

1 적습   2 부족합
3 더럽습   4 위험합

해설 少ない는 1 すくない로 발음한다.

어휘 少ない すくない い형 적다   かいしゃ 명 회사   トイレ 명 화장실
   足りない たりない 부족하다   汚い きたない い형 더럽다
   危ない あぶない い형 위험하다

TIP 少ない(すくない, 적다)와 비슷한 모양의 한자를 사용한 단어 小さい(ちいさい, 작다)도 자주 출제되므로 함께 알아 둔다.

7 난이도 상

지갑에 <u>돈お金</u>이 없습니다.

1 (없는 단어)   2 (없는 단어)
3 돈   4 (없는 단어)

해설 お金는 3 おかね로 발음한다. きん은 金의 음독인 것을 알아 둔다.

어휘 お金 おかね 명 돈   さいふ 명 지갑   ~に 조 ~에   ある 동 있다

문제 2의 디렉션

문제2 _____ 말은 어떻게 씁니까? 1·2·3·4에서 가장 알맞은 것을 하나 골라 주세요.

8 난이도 중상

버스로 박물관에 <u>갑시다</u>いきましょう.

1 엽시다 **2 갑시다**
3 (없는 단어) 4 (없는 단어)

해설 いきましょう는 2 行きましょう로 표기한다. 3, 4는 없는 단어이다.

어휘 行く いく 동 가다 バス 명 버스 はくぶつかん 명 박물관
~ましょう ~합시다 開く ひらく 동 열다

9 난이도 상

과자를 절반はんぶん 먹었습니다.

1 (없는 단어) 2 (없는 단어)
3 절반 4 반절

해설 はんぶん은 3 半分으로 표기한다. 1, 2는 없는 단어이다. 半(はん, 반)을 선택지 1과 2의 夫(ふ, 남편)와 구별해서 알아 두고, 分(ぶん, 나누다)을 선택지 2와 4의 切(せつ, 끊다)와 구별해서 알아 둔다.

어휘 半分 はんぶん 명 절반 おかし 명 과자 たべる 동 먹다
半切 はんせつ 명 반절, 반으로 자름

TIP 分이 포함된 단어 分かる(わかる, 알다, 이해하다)도 자주 출제되므로 함께 알아 둔다.

10 난이도 상

<u>학생</u>がくせい이 수업을 듣고 있습니다.

1 학생 2 (없는 단어)
3 (없는 단어) 4 (없는 단어)

해설 がくせい는 1 学生로 표기한다. 2, 3, 4는 없는 단어이다. 学(がく, 배우다)를 선택지 2와 4의 子(し, 아들)와 구별해서 알아 두고, 生(せい, 나다)를 선택지 3과 4의 正(せい, 바르다)와 구별해서 알아 둔다.

어휘 学生 がくせい 명 학생 じゅぎょう 명 수업 うける 동 듣다
~ている ~하고 있다

TIP 学가 포함된 단어 学校(がっこう, 학교)도 자주 출제되므로 함께 알아 둔다.

11 난이도 중상

아버지와 어머니는 나이가 <u>똑같습</u>おなじ니다.

1 (없는 단어) 2 (없는 단어)
3 (없는 단어) **4 똑같습**

해설 おなじ는 4 同じ로 표기한다. 1, 2, 3은 없는 단어이다.

어휘 同じ おなじ 똑같음 ちち 명 아버지 はは 명 어머니 とし 명 나이

12 난이도 중상

다음 달らいげつ, 옆 마을로 이사합니다.

1 다음 달 2 지난 달
3 다음 주 4 지난 주

해설 らいげつ는 1 来月로 표기한다.

어휘 来月 らいげつ 명 다음 달 となり 명 옆 まち 명 마을
ひっこす 동 이사하다 先月 せんげつ 명 지난 달
来週 らいしゅう 명 다음 주 先週 せんしゅう 명 지난 주

TIP 来가 포함된 단어 来年(らいねん, 내년)도 자주 출제되므로 함께 알아 둔다.

문제 3의 디렉션

문제 3 (　　　) 에 무엇이 들어갑니까? 1·2·3·4에서 가장 알맞은 것을 하나 골라 주세요.

13 난이도 중상

오늘은 (　　　) 가 내리니까, 우산을 가져 가 주세요.

1 맑음 **2 비**
3 구름 4 하늘

해설 무언가가 내린다고 했으므로 あめがふりますから(비가 내리니까)가 자연스럽다. 따라서 2 あめ(비)가 정답이다.

어휘 きょう 명 오늘 ふる 동 내리다 ~から 조 ~니까 かさ 명 우산
もつ 동 가지다 いく 동 가다 ~てください ~해 주세요
はれ 명 맑음 あめ 명 비 くも 명 구름 そら 명 하늘

14 난이도 중상

짐을 의자 위에 (　　　) 괜찮습니까?

1 집어도 2 닫아도
3 두어도 4 넣어도

해설 짐과 의자 위를 이야기했으므로 にもつをいすのうえにおいても (짐을 의자 위에 두어도)가 자연스럽다. 따라서 3 おいても(두어도)가 정답이다.

어휘 にもつ 명 짐 いす 명 의자 うえ 명 위 ~てもいい ~해도 괜찮다
とる 동 집다, 잡다 とじる 동 닫다 おく 동 두다
いれる 동 넣다

15 난이도 중상

방이 어두울 때는, (　　　) 을 켭시다.

1 창문 **2 전등**
3 열쇠 4 기계

해설 어두울 때 켠다고 했으므로 でんきをつけましょう(전등을 켭시다)가 자연스럽다. 따라서 2 でんき(전등)가 정답이다.

어휘 へや 몡방　くらい い형어둡다　とき 몡때　つける 동켜다
　　 ~ましょう ~합시다　まど 몡창문　でんき 몡전등, 전기
　　 かぎ 몡열쇠　きかい 몡기계

TIP　でんき(전등)는 でんきがつうじる(전기가 통하다)와 같이 '전기'라는 의미로도 자주 쓰이므로 함께 알아 둔다.

16 난이도 중상

지금 (　　) 에서 방송하고 있는 드라마가 매우 재미있습니다.

1 로봇　　　　　　　2 카메라
3 클래스　　　　　　**4 텔레비전**

해설 방송하고 있는 드라마라고 했으므로 テレビでほうそうしているドラマ(텔레비전에서 방송하고 있는 드라마)가 자연스럽다. 따라서 4 テレビ(텔레비전)가 정답이다.

어휘 いま 몡지금　ほうそう 몡방송　~ている ~하고 있다
　　 ドラマ 몡드라마　とても 児매우　おもしろい い형재미있다
　　 ロボット 몡로봇　カメラ 몡카메라　クラス 몡클래스, 수업
　　 テレビ 몡텔레비전

17 난이도 상

할머니는 고양이와 개를 1 (　　) 씩 키우고 있습니다.

1 명　　　　　　　　**2 마리**
3 대　　　　　　　　4 장

해설 빈칸 앞에서 언급한 ねことぬ(고양이와 개)를 세는 단위로는 ひき(마리)를 사용하는 것이 가장 적절하므로 2 ぴき(마리)가 정답이다.

어휘 そぼ 몡할머니　ねこ 몡고양이　いぬ 몡개　~ずつ 조~씩
　　 かう 동키우다　~ている ~하고 있다　~にん ~명
　　 ~ひき ~마리(동물)　~だい ~대　~まい ~장

TIP　동물을 세는 단위인 ~ひき(~마리)는 숫자 1, 6, 8, 10 뒤에 오면 ~ぴき, 3 뒤에 오면 ~びき로 발음되므로 올바르게 구별하여 읽어야 한다.

18 난이도 중상

산에 (　　), 아름다운 경치를 보면서 도시락을 먹었습니다.

1 일어나서　　　　　2 지어서
3 올라서　　　　　　4 지나서

해설 산에서 아름다운 경치를 본다고 했으므로 やまにのぼって、うつくしいけしきをみながら(산에 올라서, 아름다운 경치를 보면서)가 자연스럽다. 따라서 3 のぼって(올라서)가 정답이다.

어휘 やま 몡산　うつくしい い형아름답다　けしき 몡경치
　　 みる 동보다　~ながら ~하면서　おべんとう 몡도시락

たべる 동먹다　おきる 동일어나다　たてる 동짓다, 세우다
のぼる 동오르다　とおる 동지나다

TIP　のぼる(오르다)와 뜻이 반대되는 단어 下りる(おりる, 내려가다)도 자주 출제되므로 함께 알아 둔다.

문제 4의 디렉션

문제4　＿＿＿＿의 문장과 대체로 같은 의미의 문장이 있습니다. 1·2·3·4에서 가장 알맞은 것을 하나 골라 주세요.

19 난이도 중

여동생은 지금 외출했습니다.

1 여동생은 지금 욕실에 있습니다.
2 여동생은 지금 욕실에 없습니다.
3 여동생은 지금 집에 있습니다.
4 여동생은 지금 집에 없습니다.

해설 제시문 いもうとはいまでかけています(여동생은 지금 외출했습니다)와 가장 의미가 비슷한 4 いもうとはいまいえにいません(여동생은 지금 집에 없습니다)이 정답이다.

어휘 いもうと 몡여동생　いま 몡지금　でかける 동외출하다
　　 ~ている ~해 있다, 한 상태이다　おふろ 몡욕실　いる 동있다
　　 いえ 몡집

TIP　でかける(외출하다)와 비슷한 의미의 표현인 外にいる(そとにいる, 밖에 있다)가 유의 표현으로 출제될 수도 있으므로 함께 알아 둔다.

20 난이도 중

슈퍼에서 사과를 다섯 개 샀습니다.

1 슈퍼에서 사과를 1개 샀습니다.
2 슈퍼에서 사과를 3개 샀습니다.
3 슈퍼에서 사과를 5개 샀습니다.
4 슈퍼에서 사과를 7개 샀습니다.

해설 제시문에 사용된 いつつ가 '다섯 개'라는 의미이므로, 이와 의미가 같은 5こ(5개)를 사용한 3 スーパーでりんごを5こかいました(슈퍼에서 사과를 5개 샀습니다)가 정답이다.

어휘 スーパー 몡슈퍼　りんご 몡사과　いつつ 몡다섯 개
　　 かう 동사다　~こ ~개

21 난이도 중상

양말을 세탁해 주세요.

1 양말을 빨아 주세요.　　2 양말을 찾아 주세요.
3 양말을 신어 주세요.　　4 양말을 골라 주세요.

해설 제시문에 사용된 せんたくして가 '세탁해'라는 의미이므로, 이와 의미가 유사한 あらって(빨아)를 사용한 1 くつしたをあらってください(양말을 빨아 주세요)가 정답이다.

어휘 くつした 圏 양말   せんたく 圏 세탁   ~てください ~해 주세요
あらう 图 빨다, 씻다   さがす 图 찾다   はく 图 신다
えらぶ 图 고르다

언어지식(문법) p.77

문제 1의 디렉션

문제1 (   ) 에 무엇을 넣습니까? 1·2·3·4 에서 가장 알맞은 것을 하나 골라 주세요.

1 난이도 중

한 달 (   ) 한 번 레스토랑에서 저녁을 먹습니다.
1 의   2 에서
3 도   **4 에**

해설 빈칸 앞에서 '한 달'이라는 기간, 빈칸 뒤에서 '한 번'이라는 빈도수를 말했으므로, 어느 기간 중의 빈도를 나타내는 'に(에)'를 사용하는 것이 자연스럽다. 따라서 4 に(에)가 정답이다.

어휘 一か月 いっかげつ 圏 한 달   一かい いっかい 圏 한 번
レストラン 圏 레스토랑   夕食 ゆうしょく 圏 저녁 (식사)
食べる たべる 图 먹다   ~の 조 ~의   ~で 조 ~에서   ~も 조 ~도
~に 조 ~에

2 난이도 중상

야마시타 "하야시 씨, 우산을 잊고 갔어요."
하야시 "그 우산은 저 (   ) 이 아닙니다."
1 는   **2 의 것**
3 가   4 와

해설 빈칸 앞에서 '그 우산은 저'라고 하고, 빈칸 뒤에서 '이 아닙니다'라고 했으므로, 앞서 언급한 우산의 소유 관계를 나타내는 'の(의 것)'를 사용하는 것이 자연스럽다. 따라서 2 の(의 것)가 정답이다.

어휘 ~さん ~씨   かさ 圏 우산   わすれる 图 (물건을) 잊고 가다
~ている ~하고 있다, 한 상태이다   わたし 圏 저, 나
~は 조 ~는, 은   ~の 조 ~의 것   ~が 조 ~가, 이
~と 조 ~와, ~과

TIP 조사 の(의)는 田中さんの本(たなかさんのほん, 다나카 씨의 책)과 같이 '의'라는 의미로도 자주 쓰이므로 함께 알아 둔다.

3 난이도 중상

야채는 당근 (   ) 싫어합니다. 대부분은 좋아합니다.
1 만   2 밖에
3 만큼   4 보다

해설 빈칸 앞에서 '당근'이라고 하고, 빈칸 뒤에서 '싫어합니다. 대부분은 좋아합니다'라고 했으므로, 대부분과 다르게 싫어하는 당근이라는 한정적인 대상을 가리킬 수 있는 'だけ(만)'를 사용하는 것이 자연스럽다. 따라서 1 だけ(만)가 정답이다.

어휘 やさい 圏 야채   にんじん 圏 당근   苦手だ にがてだ な형 싫어하다
たいてい 囝 대부분   好きだ すきだ な형 좋아하다   ~だけ 조 ~만
~しか ~밖에   ~ほど 조 ~만큼   ~より 조 ~보다

4 난이도 중상

A "엘리베이터가 어디에 있는 (   ) 아닙니까?"
B "곧장 나아가서 오른쪽입니다."
A "감사합니다."
1 를   2 라고
3 지   4 고

해설 빈칸 앞에서 '어디에 있는'이라고 하고, 빈칸 뒤에서 '아닙니까?'라고 했으므로, 의문을 나타내는 'か(지)'를 사용하는 것이 자연스럽다. 따라서 3 か(지)가 정답이다.

어휘 エレベーター 圏 엘리베이터   どこ 圏 어디   ある 图 있다
わかる 图 알다   まっすぐ 囝 곧장   すすむ 图 나아가다
右 みぎ 圏 오른쪽   ~を 조 ~를   ~と 조 ~라고   ~か 조 ~지
~し 조 ~하고

TIP 조사 か는 문장 끝에 오면 '~까?'라는 뜻이 되므로 위치에 따라 뜻을 올바르게 구별해야 한다.

5 난이도 중상

주말에는 친구 (   ) 가족과 시간을 보냅니다.
1 나   2 에서
3 로   4 등

해설 빈칸 앞에서 '친구'라고 하고, 빈칸 뒤에서 '가족'이라고 했으므로, 여러가지를 나열할 때 사용하는 'や(나)'가 자연스럽다. 따라서 1 や(나)가 정답이다.

어휘 週末 しゅうまつ 圏 주말   ~には 조 ~에는   友だち ともだち 圏 친구
家族 かぞく 圏 가족   時間 じかん 圏 시간   すごす 图 보내다
~や 조 ~나   ~で 조 ~에서   ~へ 조 ~로   ~など 조 ~등

6 난이도 중상

(모자 가게에서)
가와니시 "실례합니다. 모자를 써 봐도 괜찮습니까?"
가게 사람 "물론입니다. 거울은 (　　) 에 있습니다."

1　그런　　　　　　　　　2　이것
3　어느　　　　　　　　**4　저쪽**

해설 가와니시의 모자를 써봐도 되는지 묻는 말에 가게 사람이 물론이라며 거울이 어딘가에 있음을 알려주려고 했으므로, 거울의 위치를 가리키는 'あちら(저쪽)'를 사용하는 것이 자연스럽다. 따라서 4 あちら(저쪽)가 정답이다.

어휘 ぼうし 囘모자　店 みせ 囘가게　かぶる 图쓰다
　　　～てみる ~해 보다　～てもいい ~해도 괜찮다
　　　店の人 みせのひと 囘가게 사람, 점원　もちろん 閏물론
　　　かがみ 囘거울　そんな 그런　これ 囘이것　どの 어느
　　　あちら 囘저쪽

TIP あちら(저쪽) 혹은 あっち(저쪽)는 화자와 듣는 사람에게 모두 먼 곳을 가리킬 때 사용하므로 거리감에 유의한다.

7 난이도 중상

일하고 있는 슈퍼는 집에서 가까워서, (　　) 쉽습니다.

1　다니기　　　　　　　2　다니는
3　다니고　　　　　　　4　다닌

해설 빈칸 뒤의 やすい는 동사 ます형과 접속하여 '~하기 쉽다'라는 의미의 문형을 만들 수 있다. 그러므로 동사 ます형인 선택지 1 かよい(다니기)를 빈칸에 넣으면 かよいやすい(다니기 쉽다)가 된다. 따라서 1 かよい(다니기)가 정답이다.

어휘 はたらく 图일하다　～ている ~하고 있다　スーパー 囘슈퍼
　　　家 いえ 囘집　～から 图~에서　近い ちかい 囘가깝다
　　　～やすい ~하기 쉽다　かよう 图다니다

TIP ～やすい의 반대되는 표현인 ～にくい(~하기 어렵다)도 출제될 수도 있으므로 함께 알아 둔다.

8 난이도 중상

장래 (　　) 으로 고민하고 있어서, 부모님에게 상담했습니다.

1　쪽　　　　　　　　　2　사이에
3　일 때　　　　　　　**4　에 관한 것**

해설 빈칸 앞에서 '장래'라고 하고, 빈칸 뒤에서 '으로 고민하고 있어서'라고 했으므로, 장래와 관련된 사항들을 포괄적으로 가리키는 'のこと(에 관한 것)'를 사용하는 것이 자연스럽다. 따라서 4 のこと(에 관한 것)가 정답이다. 1 ～のほうは '~쪽', 2 ～のあいだは '~사이에', 3 ～のときは '~일 때', 4 ～のことは '~에 관한 것'이라는 의미임을 알아 둔다.

어휘 しょうらい 囘장래, 미래　なやむ 图고민하다　～ている ~하고 있다
　　　両親 りょうしん 囘부모(님)　相談 そうだん 囘상담　～のほう ~쪽
　　　～のあいだ ~사이에　～のとき ~일 때　～のこと ~에 관한 것

9 난이도 상

(학교에서)
린　　　"제가 쓴 일본어 작문을 (　　)."
선생님 "네. 지금은 바빠서, 나중에 볼게요."
린　　　"부탁드립니다."

1　볼 수 있습니다　　　　　2　볼 생각입니다
3　봐 주시지 않겠습니까　4　볼까요

해설 선생님이 나중에 보겠다고 답했으므로, 자신보다 높은 사람에게 무언가를 정중히 요청하는 'てくださいませんか(해 주시지 않겠습니까)'를 사용하는 것이 자연스럽다. 따라서 3 見てくださいませんか(봐 주시지 않겠습니까)가 정답이다.

어휘 私 わたし 囘저, 나　書く かく 图쓰다　日本語 にほんご 囘일본어
　　　作文 さくぶん 囘작문　先生 せんせい 囘선생(님)　いま 囘지금
　　　いそがしい 囘바쁘다　～ので ~해서　あと 囘나중
　　　見る みる 图보다　おねがい 囘부탁　～ことができる ~할 수 있다
　　　～つもりだ ~할 생각이다
　　　～てくださいませんか ~해 주시지 않겠습니까
　　　～でしょうか ~일까요

문제 2의 디렉션

문제2 ＿＿★＿＿ 에 들어갈 것은 어느 것입니까? 1·2·3·4에서 가장 알맞은 것을 하나 골라 주세요.

---

10 난이도 상

(부엌에서)
A "맛은 어떻습니까?"
B "싱거우니까, 소금 을 ★조금 더해 보겠습니까?"

1　보겠습　　　　　　　2　을
3　조금　　　　　　　4　더해

해설 선택지 4의 て는 선택지 1의 みる와 접속하여 ～てみる(~해 보다)라는 문형을 만들 수 있다. 그러므로 선택지 4 足して와 선택지 1 みます를 우선 연결한다. 이후 나머지 선택지를 의미가 통하게 배열하면 2 を 3 ちょっと 4 足して 1 みます(을 조금 더해 보겠습니다)가 된다. 전체 문맥과도 자연스럽게 연결되므로 3 ちょっと(조금)가 정답이다.

어휘 台所 だいどころ 囘부엌　あじ 囘맛　うすい 囘싱겁다
　　　～から 图~니까　しお 囘소금　～てみる ~해 보다
　　　～を 图~을, 를　ちょっと 囘조금　足す たす 图더하다

11 난이도 중상

할아버지에게 1000엔 받았습니다. 그 다음, 가게에 가서 노트를 1권 과 ★펜을 1개 샀습니다.

1 펜을　　　　　　　　2 과
3 1개　　　　　　　　4 1권

해설 전체 선택지를 의미가 통하게 배열하면 4 1さつ 2 と 1 ペンを 3 1本(1권과 펜 1개)이 된다. 전체 문맥과도 어울리므로 1 ペンを(펜을)가 정답이다.

어휘 そふ 圐 할아버지　1000円 1000えん 圐 1000엔　もらう 匽 받다
　　그 あと 圐 다음　店 みせ 圐 가게　行く いく 匽 가다
　　ノート 圐 노트　～を 国 ～를, 을　買う かう 匽 사다　ペン 圐 펜
　　～と 国 ～과, 와　～本 ～ぽん ～개　～さつ ～권

TIP ～本은 ペン(펜), えんぴつ(연필), かさ(우산), バナナ(바나나) 등 가늘고 긴 것을 셀 때 사용하므로 가늘고 긴 것을 本 앞으로 배치한다.

12 난이도 중상

저와 형은 축구를 배우고 있습니다. 저 보다 ★도 형 쪽이 잘합니다.

1 저　　　　　　　　　2 형
3 도　　　　　　　　　4 보다

해설 선택지 1의 私는 조사와 접속할 수 있으므로 3 も 또는 4 より와 연결할 수 있다. 이후 나머지 선택지를 의미가 통하게 배열하면 1 私 3 も 2 兄の 4 より(저도 형의 것보다) 혹은 1 私 4 より 3 も 2 兄の(저 보다도 형)가 된다. '저 보다도 형'으로 배열하는 것이 전체 문맥과도 어울리므로 3 も(도)가 정답이다.

어휘 私 わたし 圐 저, 나　兄 あに 圐 형　サッカー 圐 축구
　　ならう 匽 배우다　～ている ~하고 있다　～のほう ~쪽
　　上手だ じょうずだ 셍 잘하다　～も 国 ~도　～より 国 ~보다

13 난이도 상

15시부터 회의가 시작됩니다. 회의 의 전에 ★자료를 복사 해 주세요.

1 복사　　　　　　　　2 전에
3 자료를　　　　　　　4 의

해설 선택지 2의 前에는 선택지 4의 の와 접속하여 の前に(~의 전에)라는 문형을 만들 수 있다. 그러므로 선택지 4 の와 2 前に를 우선 연결한다. 이후 나머지 선택지를 의미가 통하게 배열하면 4 の 2 前に 3 しりょうを 1 コピー(의 전에 자료를 복사)가 된다. 전체 문맥과도 어울리므로 3 しりょうを(자료를)가 정답이다.

어휘 ～時 ～じ ~시　～から 国 ~부터　会議 かいぎ 圐 회의
　　始まる はじまる 匽 시작되다　～てください ~해 주세요
　　コピー 圐 복사　～の前に ~のまえに ~의 전에　しりょう 圐 자료
　　～を 国 ~를, 을　～の 国 ~의

문제 3의 디렉션

문제3 14 부터 17 에 무엇을 넣습니까? 문장의 의미를 생각해서, 1·2·3·4 에서 가장 알맞은 것을 하나 골라 주세요.

14-17

소피아 씨와 제이콥 씨는 작문을 써서, 학급 모두의 앞에서 읽었습니다.

(1) 소피아 씨의 작문

　　주말, 친구와 자전거로 바다에 갔습니다. 조금 멀었습니다만, 날씨가 좋아서 기분 좋았습니다. [14]바다는 하늘과 같은 깨끗한 파란색이었습니다. 14 , 바다는 태양 빛으로 반짝반짝했습니다. 경치를 보면서 친구와 여러가지 이야기를 했습니다. [15]좋은 하루였습니다. 또, 날씨가 좋을 때에 15 .

(2) 제이콥 씨의 작문

　　쉬는 날에는 기타를 칩니다. [16]기타는 옛날, 아버지가 생일에 16 . 그리고나서 기타가 취미가 되어, 일본에 올 때도 가지고 왔습니다.
　　[17]지금은 '벚꽃' 17 하는 노래를 연습하고 있습니다. 이 노래는 빨라서 치는 것이 어렵습니다. 하지만, 아버지가 좋아하는 노래이기 때문에 열심히 하고 있습니다.

어휘 さくぶん 圐 작문　書く かく 匽 쓰다　クラス 圐 학급
　　みんな 圐 모두　前 まえ 圐 앞　読む よむ 匽 읽다
　　しゅうまつ 圐 주말　ともだち 圐 친구　自転車 じてんしゃ 圐 자전거
　　海 うみ 圐 바다　行く いく 匽 가다　少し すこし 閉 조금
　　遠い とおい 셍 멀다　天気 てんき 圐 날씨　よい 셍 좋다
　　きもちよい 셍 기분 좋다　空 そら 圐 하늘　同じ おなじ 같음
　　きれいだ 셍 깨끗하다, 예쁘다　青色 あおいろ 圐 파란색
　　たいよう 圐 태양　ひかり 圐 빛　きらきら 閉 반짝반짝
　　けしき 圐 경치　見る みる 匽 보다　～ながら ~하면서
　　いろんな 여러가지　話 はなし 圐 이야기　いい 셍 좋다
　　一日 いちにち 圐 하루　また 閉 또　とき 圐 때
　　休み やすみ 圐 쉼, 휴식　日 ひ 圐 날　ギター 圐 기타
　　ひく 匽 치다, 연주하다　昔 むかし 圐 옛날　父 ちち 圐 아버지
　　たんじょうび 圐 생일　それから 웹 그리고나서　しゅみ 圐 취미
　　～になる ~가 되다　日本 にほん 圐 일본　来る くる 匽 오다
　　持つ もつ 匽 가지다　～て来る ~てくる ~해 오다　今 いま 圐 지금
　　さくら 圐 벚꽃　歌 うた 圐 노래　れんしゅう 圐 연습
　　～ている ~하고 있다　はやい 셍 빠르다　むずかしい 셍 어렵다
　　でも 웹 하지만　好きだ すきだ 셍 좋아하다　～から 国 ~니까
　　がんばる 匽 열심히 하다

14 난이도 중상

1 게다가	2 그래서
3 또는	4 그러나

해설 빈칸 뒤의 海はたいようのひかりできらきらしていました(바다는 태양 빛으로 반짝반짝했습니다)는 빈칸 앞의 海は空と同じきれいな青色でした(바다는 하늘과 같은 깨끗한 파란색이었습니다)에 이어서 장소에 대한 감상이 나열되므로, 빈칸에는 병렬 관계를 나타내는 말이 필요하다. 따라서 1 それに(게다가)가 정답이다.

어휘 それに 접 게다가   だから 접 그래서   または 접 또는
しかし 접 그러나

TIP それに(게다가)와 비슷한 의미의 접속사인 また(또)로 바뀌어 출제될 수도 있으므로 함께 알아 둔다.

15 난이도 상

1 가고 있습니다	2 가 두겠습니다
3 가고 싶습니다	4 갑시다

해설 빈칸 앞에서 '좋은 하루였습니다. 또, 날씨가 좋을 때에'라고 했으므로, '～たい(～하고 싶다)'를 사용하여 또 날씨가 좋을 때에 같은 경험을 하고 싶다는 내용이 오는 것이 자연스럽다. 따라서 3 行きたいです(가고 싶습니다)가 정답이다. 1의 ～ている는 '～하고 있다', 2의 ～ておく는 '～해 두다', 4의 ～ましょう는 '～합시다'라는 의미임을 알아 둔다.

어휘 行く いく 동 가다   ～ている ~하고 있다   ～ておく ~해 두다
～たい ~하고 싶다   ～ましょう ~합시다

16 난이도 상

1 주었습니다	**2 주었습니다**
3 받았습니다	4 했습니다

해설 빈칸 앞에서 '기타는 옛날, 아버지가 생일에'라고 했으므로, 아버지가 생일에 준 것을 나타내는 'くれる(주다)'를 사용하는 것이 자연스럽다. 1 あげました와 2 くれました 모두 '주었습니다'지만, 남이 나에게 무언가를 주었을 때에는 くれる를 사용한다. 따라서 2 くれました(주었습니다)가 정답이다. あげる는 내가 누군가에게 무엇을 주었을 때 사용하는 것을 알아 둔다.

어휘 あげる 동 (내가 남에게) 주다   くれる 동 (남이 나에게) 주다
もらう 동 받다

17 난이도 중상

1 에	2 이
3 에서	**4 이라고**

해설 빈칸 앞에서 '지금은 '벚꽃''이라고 하고, 빈칸 뒤에서 '하는 노래를 연습하고 있습니다'라고 했으므로, 이야기의 소재를 꺼낼 때에 사용하는 문형 '～という(~이라고 하는)'를 만들기 위해 'と(이라고)'를 사용하는 것이 자연스럽다. 따라서 4 と(이라고)가 정답이다.

어휘 ～という ~이라고 하는

독해 p.84

문제 4의 디렉션

문제4 다음의 (1)과 (2)의 글을 읽고, 질문에 답해 주세요. 답은, 1·2·3·4에서 가장 알맞은 것을 하나 골라 주세요.

18 난이도 상

(회사에서)
오카다 씨의 책상 위에 이 메모가 있습니다.

> 오카다 씨
> 　오늘 오후, 1층의 접수처에 짐이 도착합니다. 펜과 파일이 다 떨어졌기 때문에, 펜을 20개와 파일을 5개 주문했습니다. **상자 안에 올바른 수량이 있는지 세어 주세요**. 파일은 바로 사용하므로, 선반에 넣지 않아도 괜찮습니다.
> 　　　　　　　　　　　　　　　　　　　　　　무라카미

무라카미 씨는 오카다 씨에게 무엇을 가장 말하고 싶습니까?
1 주문한 펜과 파일이 오늘 오후에 도착합니다.
2 펜을 20개와 파일을 5개 주문했습니다.
3 도착한 펜과 파일의 수량이 올바른지 세어 주세요.
4 도착한 펜과 파일은 선반에 넣지 말아주세요.

해설 지문의 중반부에서 はこのなかにただしいかずがあるかかぞえてください(상자 안에 올바른 수량이 있는지 세어 주세요)라고 가장 먼저 요청하고 있으므로 3 とどいたペンとファイルのかずがただしいかかぞえてください(도착한 펜과 파일의 수량이 올바른지 세어 주세요)가 정답이다.

어휘 会社 かいしゃ 명 회사   机 つくえ 명 책상   上 うえ 명 위   この 이
メモ 명 메모   ある 동 있다   今日 きょう 명 오늘   ごご 명 오후
一かい いっかい 명 1층   うけつけ 명 접수처   にもつ 명 짐
とどく 동 도착하다   ペン 명 펜   ファイル 명 파일
なくなる 동 다 떨어지다   ～本 ～ぽん ~개   5つ いつつ 명 5개

たのむ 图 주문하다, 부탁하다　はこ 图 상자　なか 图 안
ただしい い형 올바르다　かず 图 수량　かぞえる 图 세다
~てください ~해 주세요　すぐに 图 바로　使う つかう 图 사용하다
~ので 图 ~므로　たな 图 선반　入れる いれる 图 넣다
~なくてもいい ~하지 않아도 괜찮다　何 なに 图 무엇
いちばん 图 가장　言う いう 图 말하다

19 난이도 중

어제, 전철을 타고 히가시 역에 갔습니다. 전철을 내린 후, 역의 출구가 어디에 있는지 찾을 수 없었습니다. 저는 근처에 있던 사람에게 '출구는 어디입니까?'라고 물었습니다. 그 사람은 '저쪽입니다.'라고 말했습니다. 그리고, 저는 출구를 찾을 수 있었습니다. 매우 기뻤습니다.

어째서 매우 기뻤습니까?

1 다른 사람에게 물어서 히가시 역을 찾을 수 있었기 때문에
2 다른 사람에게 물어서 역의 출구를 찾을 수 있었기 때문에
3 다른 사람에게 묻지 않고 히가시 역을 찾을 수 있었기 때문에
4 다른 사람에게 묻지 않고 역의 출구를 찾을 수 있었기 때문에

해설 지문에서 밑줄 친 부분의 앞에서 わたしは近くにいた人に「出口はどこですか。」と聞きました。その人は「あっちです。」と言いました。そして、わたしは出口を見つけることができました (저는 근처에 있던 사람에게 '출구는 어디입니까?'라고 물었습니다. 그 사람은 '저쪽입니다.'라고 말했습니다. 그리고, 저는 출구를 찾을 수 있었습니다) 라고 언급하고 있으므로 2 人に聞いて駅の出口を見つけられたから (다른 사람에게 물어서 역의 출구를 찾을 수 있었기 때문에)가 정답이다.

어휘 きのう 图 어제　電車 でんしゃ 图 전철　のる 图 타다
駅 えき 图 역　行く いく 图 가다　おりる 图 내리다　あと 图 후
出口 でぐち 图 출구　どこ 어디　ある 图 있다
見つける みつける 图 찾다　~ことができる ~할 수 있다
わたし 저, 나　近く ちかく 图 근처　いる 图 있다
人 ひと 图 (다른) 사람　聞く きく 图 묻다　その 그　あっち 图 저쪽
言う いう 图 말하다　そして 집 그리고　とても 图 매우
うれしい い형 기쁘다　どうして 어째서

문제 5의 디렉션

문제 5 다음의 글을 읽고, 질문에 답해 주세요. 답은, 1·2·3·4에서 가장 알맞은 것을 하나 골라 주세요.

20-21

크리스마스에 크리스마스 케이크가 인기인 카페에 갔습니다. 그 가게의 케이크 사진을 보고, 먹고 싶다고 생각했기 때문입니다. [20]처음에는 어머니와 둘이서 갈 예정이었습니다. 그러나, 아버지의 일이 빨리 끝나서, 모두 함께 갈 수 있었습니다. ①잘 됐습니다.

가게 안에는 손님이 가득 있었습니다. [21]가게 사람에게 '크리스마스 케이크를 한 개와, 커피를 세 잔 주세요.'라고 말했습니다만, '죄송합니다. 케이크는 예약한 사람밖에 먹을 수 없습니다.'라고 들었습니다.

그래서, 케이크가 아닌 푸딩을 주문했습니다. 푸딩도 맛있었습니다만, 조금 아쉬웠습니다. ②내년에는 예약하고 가겠습니다.

어휘 クリスマス 图 크리스마스　ケーキ 图 케이크　人気 にんき 图 인기
カフェ 图 카페　行く いく 图 가다　その 그　店 みせ 图 가게
写真 しゃしん 图 사진　見る みる 图 보다　食べる たべる 图 먹다
~たい ~하고 싶다　~と思う ~とおもう ~라고 생각하다
~から 조 ~때문　最初 さいしょ 图 처음　母 はは 图 어머니
二人 ふたり 图 둘, 두 사람　予定 よてい 图 예정　しかし 집 그러나
父 ちち 图 아버지　仕事 しごと 图 일　はやく 图 빨리
終わる おわる 图 끝나다　みんな 图 모두
~ことができる ~할 수 있다　よかった 잘 됐다　店 みせ 图 가게
中 なか 图 안　お客さん おきゃくさん 图 손님　いっぱい 图 가득
いる 图 있다　人 ひと 图 사람　一つ ひとつ 图 한 개
コーヒー 图 커피　~ばい 图 ~잔　言う いう 图 말하다
よやく 图 예약　~しか 조 ~밖에　言われる いわれる 图 듣다
それで 집 그래서　プリン 图 푸딩　たのむ 图 주문하다, 부탁하다
おいしい い형 맛있다　すこし 图 조금　ざんねんだ な형 아쉽다
来年 らいねん 图 내년

20 난이도 중상

어째서 ①잘 됐습니까?

1 어머니와 둘이서 갈 수 있었기 때문에
2 아버지와 둘이서 갈 수 있었기 때문에
3 어머니와 아버지가 둘이서 갈 수 있었기 때문에
4 어머니와 아버지와 셋이서 갈 수 있었기 때문에

해설 밑줄의 앞부분에서 最初は母と二人で行く予定でした。しかし、父の仕事がはやく終わって、みんなで行くことができました (처음에는 어머니와 둘이서 갈 예정이었습니다. 그러나, 아버지의 일이 빨리 끝나서, 모두 함께 갈 수 있었습니다) 라고 언급하고 있으므로, 4 母と父と三人で行くことができたから (어머니와 아버지와 셋이서 갈 수 있었기 때문에)가 정답이다.

어휘 どうして 어째서

TIP 밑줄이 글쓴이의 기분 혹은 감정을 표현한 내용일 경우, 바로 근처에서 정답의 단서를 찾을 수 있다.

21 난이도 상

어째서 ②내년에는 예약하고 갑니까?

1 카페에 손님이 가득 있었기 때문에
2 카페에서 인기인 크리스마스 케이크를 먹고 싶기 때문에
3 카페에서 맛있는 커피를 마시고 싶기 때문에
4 카페에 푸딩밖에 팔지 않았기 때문에

해설 밑줄의 앞부분에서 店の人に「クリスマスケーキを一つと、コーヒーを三ばいください。」と言いましたが、「すみません。ケーキはよやくした人しか食べることができません。」と言われました(가게 사람에게 '크리스마스 케이크를 한 개와, 커피를 세 잔 주세요.'라고 말했습니다만, '죄송합니다. 케이크는 예약한 사람밖에 먹을 수 없습니다.'라고 들었습니다)라고 언급하고 있으므로, 2 カフェでにんきのクリスマスケーキが食べたいから(카페에서 인기인 크리스마스 케이크를 먹고 싶기 때문에)가 정답이다.

어휘 飲む のむ 图마시다 売る うる 图팔다

문제 6의 디렉션

문제6 오른쪽 페이지를 보고, 아래의 질문에 답해 주세요. 답은, 1·2·3·4에서 가장 알맞은 것을 하나 골라 주세요.

22

28일 (화), 29일 (수), 30일 (목)
이 음식은 이 날이 싸다!

①히카리 슈퍼	②야채가게 모리
아침 9:00~밤 9:00	아침 9:00~밤 8:00
28일(화)	28일(화)~30일(목) 3일간
계란 170엔	당근 230엔
30일 (목)	30일(목)
소고기 610엔	귤 650엔
당근 259엔	바나나 139엔

③ABC슈퍼	④오오시마 가게
24시간 영업	아침10:00~밤10:00
28일(화)~30일(목) 3일간	28일(화)
우유 275엔	치즈 425엔
설탕 360엔	[22]29일(수)
[22]28일(화)만	닭고기 276엔
[22]귤 599엔	[22]소고기 590엔
	※30일(목)은 휴일입니다.

어휘 ~日 ~にち ~일 火 か 图(요일) 水 すい 图(요일)
木 もく 图(요일) この 이 食べもの たべもの 图음식
日 ひ 图날 安い やすい い형싸다, 저렴하다 スーパー 图슈퍼
朝 あさ 图아침 夜 よる 图밤 たまご 图계란 ~円 ~えん ~엔
ぎゅうにく 图소고기 にんじん 图당근 やおや 图야채가게
~日間 ~かかん ~일간 みかん 图귤 バナナ 图바나나
~時間 ~じかん ~시간 えいぎょう 图영업 さとう 图설탕
~だけ 图~만 チーズ 图치즈 とりにく 图닭고기
お休み おやすみ 图휴일

22 난이도 중상

야마모토 씨는 귤과 소고기를 사고 싶습니다. 언제 어디에서 사는 것이 저렴합니까?

1 28일(화)에 ③과, 29일(수)에 ④
2 28일(화)에 ③과, 30일(목)에 ①
3 29일(수)에 ④와, 30일(목)에 ②
4 30일(목)에 ①과 ②

해설 질문에서 제시된 조건 (1) みかんとぎゅうにくが買いたいです(귤과 소고기를 사고 싶습니다), (2) 安いですか(저렴합니까)에 따라 지문을 보면,
(1) 귤과 소고기를 사고 싶습니다 : ①과 ④에서 소고기를 팔고, ②와 ③에서 귤을 판다.
(2) 저렴합니까: 귤을 싸게 파는 곳은 ②와 ③중에 ③이고, 소고기를 싸게 파는 곳은 ①과 ④중에 ④이며, 귤을 싸게 파는 날은 28일(화)이고, 소고기를 싸게 파는 날은 29일(수)이다.
따라서, 1 28日(火)に③と、29日(水)に④(28일(화)에 ③과, 29일(수)에 ④)가 정답이다.

어휘 買う かう 图사다 ~たい ~하고 싶다 いつ 图언제 どこ 图어디

TIP 조건의 항목을 지문에서 찾아 해당 부분만 비교하면 정답의 단서를 쉽게 찾을 수 있다.

청해 p.93

문항별 분할 파일 바로 듣기

☞ 문제 1에서는, 먼저 질문을 들어주세요. 그리고 이야기를 듣고, 문제 용지의 1부터 4 중에서, 가장 알맞은 것을 하나 골라주세요. 디렉션과 예제는 제1회 실전모의고사의 해설(p.14)에서 확인할 수 있습니다.

1 난이도 상

[음성]
会社で女の人と男の人が話しています。男の人は何を持っていきますか。
女: 運ぶのを手伝ってください。
男: 分かりました。パソコンを持っていきますね。
女: パソコンはいいです。お茶をお願いします。
男: はい。もう一つ持てますよ。
女: じゃあ、お菓子もいいですか。雑誌は私が持っていきます。

男の人は何を持っていきますか。

[문제지]

1  2

3  4

해석 회사에서 여자와 남자가 이야기하고 있습니다. 남자는 무엇을 가지고 갑니까?

여: 옮기는 것을 도와주세요.
남: 알겠어요. 컴퓨터를 가져 갈게요.
여: 컴퓨터는 괜찮아요. 차를 부탁해요.
남: 네. 하나 더 들 수 있어요.
여: 그럼, 과자도 괜찮을까요? 잡지는 제가 가져갈게요.

남자는 무엇을 가지고 갑니까?

해설 여자가 お茶をお願いします(차를 부탁해요)라고 하자, 남자가 はい(네)라고 하며 하나 더 들 수 있다는 말에 여자가 じゃあ、お菓子もいいですか(그럼, 과자도 괜찮을까요)라고 했으므로, 차와 과자 그림인 2가 정답이다. 컴퓨터는 괜찮다고 했고, 잡지는 여자가 가져간다고 했으므로 오답이다.

어휘 会社 かいしゃ 図 회사　何 なに 図 무엇　持つ もつ 図 가지다
　　 ~ていく ~하고 가다　運ぶ はこぶ 図 옮기다
　　 手伝う てつだう 図 돕다　~てください ~해 주세요
　　 分かる わかる 図 알다, 이해하다　パソコン 図 컴퓨터
　　 いい い형 괜찮다, 좋다　お茶 おちゃ 図 차　お願い おねがい 図 부탁

もう 閏 더　一つ ひとつ 図 하나　じゃあ 그럼
お菓子 おかし 図 과자　雑誌 ざっし 図 잡지　私 わたし 図 저

2 난이도 중상

[음성]
レストランで女の人と男の人が話しています。男の人は明日からどんな格好で働きますか。
女: では、明日からアルバイトをお願いします。
男: はい。服は何でもいいですか。
女: 上は白いワイシャツにしてください。ズボンは何でもいいです。たくさん歩きますから、靴は楽なものを履いてきてください。スリッパはだめですよ。
男: 分かりました。ネクタイはいりませんか。
女: はい。

男の人は明日からどんな格好で働きますか。

[문제지]

1  2

3  4

해석 레스토랑에서 여자와 남자가 이야기하고 있습니다. 남자는 내일부터 어떤 차림으로 일합니까?

여: 그럼, 내일부터 아르바이트를 부탁합니다.
남: 네. 옷은 뭐든지 괜찮습니까?
여: 위에는 하얀 와이셔츠로 해 주세요. 바지는 뭐든지 괜찮습니다. 많이 걸으니까, 신발은 편한 것을 신고 와 주세요. 슬리퍼는 안 돼요.
남: 알겠습니다. 넥타이는 필요하지 않습니까?
여: 네.

남자는 내일부터 어떤 차림으로 일합니까?

해설 여자가 하얀 셔츠에 바지는 아무거나 괜찮지만 많이 걸으니, 靴は楽なものを履いてきてください。スリッパはだめですよ(신발은 편한 것을 신고 와 주세요. 슬리퍼는 안 돼요)라고 하자, 남자가 分かりました。ネクタイはいりませんか(알겠습니다. 넥타이는 필요하지 않습니까)라고 하니 여자가 はい(네)라고 했으므로, 와이셔츠와 바지, 검은색 스니커를 신은 그림인 1이 정답이다. 2는 슬리퍼는 안된다고 했고, 3과 4는 넥타이는 필요 없다고 했으므로 오답이다.

어휘 レストラン 図 레스토랑　明日 あした 図 내일　~から 图 ~부터, 니까
　　 どんな 어떤　格好 かっこう 図 차림　働く はたらく 図 일하다

では 쥅 그럼　アルバイト 몡 아르바이트　お願い おねがい 몡 부탁
服 ふく 몡 옷　何でも なんでも 뭐든지　いい い형 괜찮다, 좋다
上 うえ 몡 위　白い しろい い형 하얗다　ワイシャツ 몡 와이셔츠
〜にする 〜로 하다　〜てください 〜해 주세요　ズボン 몡 바지
たくさん 및 많이　歩く あるく 동 걷다　靴 くつ 몡 신발
楽だ らくだ な형 편하다　もの 몡 것　履く はく 동 신다
〜てくる 〜해 오다　スリッパ 몡 슬리퍼　だめだ な형 안 된다
分かる わかる 동 알다, 이해하다　ネクタイ 몡 넥타이
いる 동 필요하다

3　난이도 중

[음성]

先生と女の学生が話しています。女の学生は何人で話し合いますか。

男: ビデオを見ました。これを見て、思ったことをグループで話し合ってください。5人でグループを作ります。ちょうど6つのグループができるはずです。午後3時まで話します。

女: 先生、今日は川島さんが休みで、1人足りません。私たちは4人でいいですか。

男: そうでしたね。じゃあ、そのグループに先生が入ります。

女の学生は何人で話し合いますか。

[문제지]

1　3にん
2　4にん
3　5にん
4　6にん

해석 선생님과 여학생이 이야기하고 있습니다. 여학생은 몇 명이서 의논합니까?

남: 비디오를 봤습니다. 이것을 보고, 생각한 것을 그룹에서 의논해 주세요. 5명이서 그룹을 만듭니다. 딱 6개의 그룹이 생길 것입니다. 오후 3시까지 이야기합니다.

여: 선생님, 오늘은 가와시마 씨가 쉬어서, 한 사람 부족합니다. 저희는 4명으로 괜찮습니까?

남: 그랬네요. 그럼, 그 그룹에 선생님이 들어가겠습니다.

여학생은 몇 명이서 의논합니까?

1　3명
2　4명
3　5명
4　6명

해설 선생님이 5人でグループを作ります(5명이서 그룹을 만듭니다)라고 하자, 여학생이 今日は川島さんが休みで、1人足りません(오늘은 가와시마 씨가 쉬어서, 한 사람 부족합니다)이라고 하며 4명으로 괜찮은지 물으니, 선생님이 そのグループに先生が入ります(그 그룹에 선생님이 들어가겠습니다)라고 했으므로, 3　5にん(5명)이 정답이다. 1은 언급되지 않았고, 2는 한 명이 없으니 4명으로 해도 되는지 물었던 것이고, 4는 그룹이 6개 생긴다고 이야기한 것이므로 오답이다.

어휘 先生 せんせい 몡 선생(님)　学生 がくせい 몡 학생
何人 なんにん 몇 명　話し合う はなしあう 동 의논하다
ビデオ 몡 비디오　見る みる 동 보다　これ 몡 이것
思う おもう 동 생각하다　こと 몡 것　グループ 몡 그룹
〜てください 〜해 주세요　〜人 〜にん 〜명　作る つくる 동 만들다
ちょうど 및 딱　6つ むっつ 몡 6개　できる 동 생기다
〜はずだ 〜일 것이다　午後 ごご 몡 오후　〜時 〜じ 〜시
〜まで 조 〜까지　今日 きょう 몡 오늘　休む やすむ 동 쉬다
1人 ひとり 몡 한 사람　足りない たりない 부족하다
私たち わたしたち 몡 저희　いい い형 괜찮다, 좋다　じゃあ 그럼
その 그　入る はいる 동 들어가다

4　난이도 상

[음성]

駅で女の人と駅の人が話しています。女の人はノートにどう書きますか。

女: すみません、電車の中で傘をなくしました。どうすればいいですか。

男: こちらのノートに、左から順に名前、電話番号、落とした物を書いてください。見つかったらすぐに連絡します。

女: はい。一番右には何を書きますか。

男: 今日の日にちです。今日は6月30日です。

女: 分かりました。

女の人はノートにどう書きますか。

[문제지]

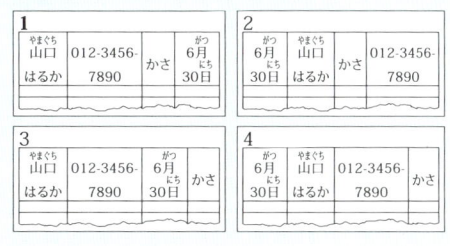

해석 역에서 여자와 역무원이 이야기하고 있습니다. 여자는 노트에 어떻게 씁니까?

여: 실례합니다, 전철 안에서 우산을 분실했습니다. 어떻게 하면 됩니까?

남: 이 노트에, 왼쪽부터 순서대로 이름, 전화번호, 분실한 물건을 써 주세요. 발견되면 바로 연락하겠습니다.

여: 네. 가장 오른쪽에는 무엇을 씁니까?

남: 오늘의 날짜입니다. 오늘은 6월 30일입니다.

여: 알겠습니다.

여자는 노트에 어떻게 씁니까?

[문제지]

1				2			
야마구치 하루카	012-3456-7890	우산	6월 30일	6월 30일	야마구치 하루카	우산	012-3456-7890

3				4			
야마구치 하루카	012-3456-7890	6월 30일	우산	6월 30일	야마구치 하루카	012-3456-7890	우산

해설 역무원이 こちらのノートに、左から順に名前、電話番号、落とした物を書いてください(이 노트에, 왼쪽부터 순서대로 이름, 전화번호, 잃어버린 물건을 써 주세요)라고 하고, 여자가 はい。一番右には何を書きますか(네, 가장 오른쪽에는 무엇을 씁니까)라고 하자, 역무원이 今日の日にちです(오늘의 날짜입니다)라고 했으므로, 왼쪽부터 순서대로 이름, 전화번호, 잃어버린 물건, 오늘의 날짜를 적은 그림인 1이 정답이다. 2, 3, 4는 역무원이 이야기한 순서대로 적지 않았기 때문에 오답이다.

어휘 駅 えき 몡역   ノート 몡노트   ~に 조~에   どう 어떻게
書く かく 동쓰다   電車 でんしゃ 몡전철   中 なか 몡안
傘 かさ 몡우산   なくす 동분실하다   する 동하다
~ばいい ~하면 된다   こちら 이, 이쪽   左 ひだり 몡왼쪽
順 じゅん 몡순서   名前 なまえ 몡이름
電話番号 でんわばんごう 몡전화번호
落とす おとす 동잃어버리다, 떨어뜨리다   物 もの 몡물건
~てください ~해 주세요   見つかる みつかる 동발견되다
~たら 조~하면   すぐに 부바로, 즉시   連絡 れんらく 몡연락
一番 いちばん 부가장   右 みぎ 몡오른쪽   ~には 조~에는
何 なに 몡무엇   今日 きょう 몡오늘   日にち ひにち 몡날짜
~月 ~がつ ~월   ~日 ~にち ~일   分かる わかる 동알다, 이해하다

5 난이도 중상

[음성]
学校で男の学生と女の学生が話しています。男の学生はいくら払いますか。

男: 高橋先生へのプレゼントのことだけど、何にするか決まった？
女: うん。お花とカップになったよ。2つで5000円。
男: 先生はコーヒーが好きだから、カップはきっと喜ぶな。
女: そうだね。
男: クラスが25人だから、5000円を25人で分けて、一人200円ずつだよね？
女: うん。お金は係の林さんに渡して。
男: うん、分かった。

男の学生はいくら払いますか。

[문제지]
1 200えん
2 250えん
3 500えん
4 5000えん

해석 학교에서 남학생과 여학생이 이야기하고 있습니다. **남학생은 얼마** 지불합니까?

남: 다카하시 선생님의 선물에 관한 것 말인데, 무엇으로 할지 정해졌어?
여: 응. 꽃과 컵이 되었어. 두 개에 5000엔.
남: 선생님은 커피를 좋아하니까, 컵은 분명 기뻐할 거야.
여: 그렇네.
남: 반이 25명이니까, 5000엔을 25명으로 나눠서, **한 사람 200엔씩이지?**
여: 응. 돈은 담당인 하야시 씨에게 건네 줘.
남: 응, 알았어.

남학생은 얼마 지불합니까?

1 200엔
2 250엔
3 500엔
4 5000엔

해설 남학생이 一人200円ずつだよね(한 사람 200엔씩이지)라고 하자, 여학생이 うん(응)이라고 했으므로, 1 200えん(200엔)이 정답이다. 2, 3은 언급되지 않았고, 4는 선물의 총 금액이므로 오답이다.

어휘 学校 がっこう 몡학교   学生 がくせい 몡학생   いくら 몡얼마
払う はらう 동지불하다   先生 せんせい 몡선생(님)
プレゼント 몡선물   ~のこと ~에 관한 것   ~けど 조~인데
何 なに 몡무엇   ~にする ~로 하다   ~か 조~일지
決まる きまる 동정해지다   お花 おはな 몡꽃   カップ 몡컵
~になる ~이 되다   2つ ふたつ 몡두 개   ~円 ~えん ~엔
コーヒー 몡커피   好きだ すきだ な형좋아하다   ~から 조~니까
きっと 부분명   喜ぶ よろこぶ 동기뻐하다   クラス 몡반, 학급
~人 ~にん ~명   分ける わける 동나누다   一人 ひとり 몡한 사람
~ずつ 부~씩   お金 おかね 몡돈   係 かかり 몡담당
渡す わたす 동건네다   分かる わかる 동알다, 이해하다

6 난이도 중

[음성]
電話で先生が話しています。先生は何曜日に会えますか。

女: もしもし。火曜日に作文を見る予定でしたが、金曜日に変えることはできますか。先週から風邪がひどくて、今日は家で休みました。明日も休みます。水曜日と木曜日は授業があるので行くつもりです

が、他の仕事で忙しいです。金曜日に来れるかどうか連絡をください。

先生は何曜日に会えますか。

[문제지]
1 かようび
2 すいようび
3 もくようび
4 きんようび

해석 전화로 선생님이 이야기하고 있습니다. 선생님은 무슨 요일에 만날 수 있습니까?

여: 여보세요. 화요일에 작문을 볼 예정이었습니다만, 금요일로 바꿀 수 있습니까? 저번 주부터 감기가 심해서, 오늘은 집에서 쉬었습니다. 내일도 쉽니다. 수요일과 목요일은 수업이 있으므로 갈 생각입니다만, 다른 일로 바쁩니다. 금요일에 올 수 있을지 어떨지 연락을 주세요.

선생님은 무슨 요일에 만날 수 있습니까?

1 화요일
2 수요일
3 목요일
4 금요일

해설 선생님이 火曜日에 作文을 볼 예정이었지만, 金曜日에 변경할 수 있습니까(화요일에 작문을 볼 예정이었습니다만, 금요일로 바꿀 수 있습니까), 金曜日に来れるかどうか連絡をください(금요일에 올 수 있을지 어떨지 연락을 주세요)라고 했으므로, 4 きんようび(금요일)가 정답이다. 1은 작문을 볼 예정이었지만 날을 바꾸자고 했고, 2, 3은 다른 일로 바쁘다고 했으므로 오답이다.

어휘 電話 でんわ 명 전화 先生 せんせい 명 선생(님)
何曜日 なんようび 명 무슨 요일 会う あう 동 만나다
火曜日 かようび 명 화요일 作文 さくぶん 명 작문 見る みる 동 보다
予定 よてい 명 예정 ~が 조 ~지만 金曜日 きんようび 명 금요일
変える かえる 동 바꾸다 できる 동 할 수 있다
先週 せんしゅう 명 지난주 ~から 조 ~부터 風邪 かぜ 명 감기
ひどい い 심하다 今日 きょう 명 오늘 家 いえ 명 집
休む やすむ 동 쉬다 明日 あした 명 내일
水曜日 すいようび 명 수요일 木曜日 もくようび 명 목요일
授業 じゅぎょう 명 수업 ある 동 있다 ~ので 조 ~므로
行く いく 동 가다 ~つもりだ ~할 생각이다 他 ほか 명 다름
仕事 しごと 명 일 忙しい いそがしい い 바쁘다 来る くる 동 오다
~かどうか ~일지 어떨지 連絡 れんらく 명 연락

7 난이도 중

[음성]
図書館で男の人と受付の人が話しています。男の人はどの席に座りますか。

男: あのう、勉強する席を予約しましたが、どこか分かりません。
女: 予約した席は何番ですか。
男: 4番です。
女: でしたら、左から二番目の席です。
男: ありがとうございます。

男の人はどの席に座りますか。

[문제지]

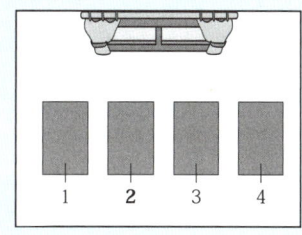

해석 도서관에서 남자와 접수처 사람이 이야기하고 있습니다. 남자는 어느 자리에 앉습니까?

남: 저, 공부할 자리를 예약했습니다만, 어디인지 모르겠습니다.
여: 예약한 자리는 몇 번입니까?
남: 4번입니다.
여: 그렇다면, 왼쪽에서 두 번째 자리입니다.
남: 감사합니다.

남자는 어느 자리에 앉습니까?

해설 여자가 예약한 자리가 몇 번인지 물어서 남자가 4번 자리라고 하자, 여자가 でしたら、左から二番目の席です(그렇다면, 왼쪽에서 두 번째 자리입니다)라고 했으므로, 그림에서 왼쪽에서 두 번째 자리를 표시한 2가 정답이다.

어휘 図書館 としょかん 명 도서관 受付 うけつけ 명 접수처
人 ひと 명 사람 どの 어느 席 せき 명 자리, 좌석
座る すわる 동 앉다 勉強 べんきょう 명 공부 予約 よやく 명 예약
どこ 명 어디 分かる わかる 동 알다 何番 なんばん 명 몇 번
~番 ~ばん ~번 左 ひだり 명 왼쪽 ~から 조 ~에서
二番目 にばんめ 명 두 번째

TIP 위치를 묻는 문제에서는 左(ひだり, 왼쪽), 右(みぎ, 오른쪽)와 같은 방향과 관련된 표현을 주의 깊게 듣는다.

☞ 문제 2에서는, 먼저 질문을 들어주세요. 그리고 이야기를 듣고, 문제 용지의 1부터 4 중에서, 가장 알맞은 것을 하나 골라주세요. 디렉션과 예제는 제1회 실전모의고사의 해설(p.18)에서 확인할 수 있습니다.

1 난이도 중상

[음성]
美術館で男の人と女の人が話しています。女の人が好きな写真はどれですか。

男：どれもすてきですね。井川さんはどの写真が好きですか。
女：あれです。公園の桜の木の写真です。
男：あ、木の横に犬がいるものですか。
女：それではなくて、後ろに山が見える写真です。
男：ああ、あれですか。美しい景色ですね。

女の人が好きな写真はどれですか。

[문제지]

해석 미술관에서 남자와 여자가 이야기하고 있습니다. 여자가 좋아하는 사진은 어느 것입니까?

남: 어느 것이나 다 멋지네요. 이가와 씨는 어느 사진이 좋습니까?
여: 저것입니다. 공원의 벚꽃 나무 사진입니다.
남: 아, 나무 옆에 개가 있는 것입니까?
여: 그것이 아니고, 뒤에 산이 보이는 사진입니다.
남: 아아, 저것입니까. 아름다운 경치네요.

여자가 좋아하는 사진은 어느 것입니까?

해설 여자가 공원의 벚꽃 나무 사진이 좋다고 하자, 나무 옆에 개가 있는 그림이냐는 남자의 말에 여자가 それではなくて、後ろに山が見える写真です(그것이 아니고, 뒤에 산이 보이는 사진입니다)라고 언급했으므로, 공원에 벚꽃 나무가 있고 배경으로 산이 보이는 사진인 3이 정답이다. 1은 배경에 산이 없고, 2는 그것이 아니라고 했으며, 4는 옆에 개가 있다는 언급은 없었으므로 오답이다.

어휘 美術館 びじゅつかん 圏미술관　好きだ すきだ 圏좋아하다
写真 しゃしん 圏사진　どれ 어느 것　すてきだ 圏멋지다
どの 어느　あれ 圏저것　公園 こうえん 圏공원　桜 さくら 圏벚꽃
木 き 圏나무　横 よこ 圏옆　犬 いぬ 圏개　いる 圏있다
もの 圏것　それ 圏그것　後ろ うしろ 圏뒤　山 やま 圏산
見える みえる 圏보이다　美しい うつくしい 圏아름답다
景色 けしき 圏경치

2 난이도 중상

[음성]
女の留学生と男の留学生が話しています。女の留学生は誰と一緒に日本に来ましたか。

女：ジョンさんは一人で住んでいますか。
男：いいえ、兄と友達と住んでいます。みんなで住んでいるから、毎日楽しいです。
女：そうですか。私は姉と住んでいます。
男：お姉さんも日本で勉強していますか。
女：はい。今年から大学に通っています。去年までは母と一緒に住んでいましたが、少し前に国へ帰ってしまいました。
男：お母さんと一緒に日本へ来ましたか。
女：はい。母が心配したからです。

女の留学生は誰と一緒に日本に来ましたか。

[문제지]
1　あに
2　ともだち
3　あね
4　はは

해석 여자 유학생과 남자 유학생이 이야기하고 있습니다. 여자 유학생은 누구와 함께 일본에 왔습니까?

여: 존 씨는 혼자서 살고 있습니까?
남: 아니요, 형과 친구와 살고 있습니다. 모두 함께 살고 있어서, 매일 즐겁습니다.
여: 그렇군요. 저는 언니와 살고 있습니다.
남: 언니도 일본에서 공부하고 있습니까?
여: 네. 올해부터 대학에 다니고 있습니다. 작년까지는 어머니와 함께 살고 있었습니다만, 얼마 전에 고국으로 돌아가 버렸습니다.
남: 어머니와 함께 일본에 왔습니까?
여: 네. 어머니가 걱정했기 때문입니다.

여자 유학생은 누구와 함께 일본에 왔습니까?

1　오빠
2　친구
3　언니
4　어머니

해설 남자가 お母さんと一緒に日本へ来ましたか(어머니와 함께 일본에 왔습니까)라고 하자 여자가 はい(네)라고 언급했으므로, 4 はは(어머니)가 정답이다. 1과 2는 남자가 함께 살고 있는 대상이고, 3은 함께 일본에 온 대상이 아닌 지금 여자와 함께 사는 대상이므로 오답이다.

어휘 留学生 りゅうがくせい 圏유학생　誰 だれ 圏누구
一緒に いっしょに 囝함께　日本 にほん 圏일본　来る くる 圏오다
一人 ひとり 圏혼자　住む すむ 圏살다　兄 あに 圏형
友達 ともだち 圏친구　みんなで 모두 함께　～から 国～여서, 부터

毎日 まいにち 명 매일　楽しい たのしい い형 즐겁다　私 わたし 명 저
姉 あね 명 언니　お姉さん おねえさん 명 언니
勉強 べんきょう 명 공부　今年 ことし 명 올해　大学 だいがく 명 대학
通う かよう 동 다니다　去年 きょねん 명 작년　〜まで 조 〜까지
母 はは 명 어머니　少し前 すこしまえ 얼마 전　国 くに 명 고국, 나라
帰る かえる 동 돌아가다　〜てしまう ~해 버리다
心配 しんぱい 명 걱정

TIP 질문에서 사용된 표현이 그대로 사용된 부분에서 언급한 내용이 정답일 가능성이 크므로 주의 깊게 듣는다.

3 난이도 상

[음성]
女の人と男の人が話しています。今日は何月何日ですか。
女：誕生日おめでとうございます。これ、プレゼントです。
男：ありがとうございます。でも、僕の誕生日は9月20日ですよ。
女：もちろん知っています。その日は日曜日で会えませんから、早いですが、今日渡しました。
男：あ、そうですね。もう二日後ですね。
女：そうですよ。

今日は何月何日ですか。

[문제지]
1　9がつ　18にち
2　9がつ　19にち
3　9がつ　20か
4　9がつ　22にち

20일에서 이틀 전인 19がつ18にち(9월 18일)가 정답이다. 2와 4는 언급되지 않았고, 3은 남자의 생일이므로 오답이다.

어휘 今日 きょう 명 오늘　何月 なんがつ 명 몇 월　何日 なんにち 명 며칠
誕生日 たんじょうび 명 생일　これ 이거　プレゼント 명 선물
でも 접 하지만　僕 ぼく 명 저, 나　〜月 〜がつ ~월　〜日 〜か ~일
もちろん 물론　知る しる 동 알다　その 그　日 ひ 명 날
日曜日 にちようび 명 일요일　会う あう 동 만나다　〜から 조 ~니까
早い はやい い형 이르다　渡す わたす 동 건네다　もう 부 벌써, 이미
二日 ふつか 명 이틀　〜後 〜ご ~후

TIP 날짜를 묻는 문제에서는 언급된 날짜와 二日(ふつか, 이틀), 後(ご, 후)와 같은 날짜, 순서와 관련된 표현을 주의 깊게 듣는다.

4 난이도 중

[음성]
教室で学生が自分の国の話をしています。学生の国は、何が有名ですか。
女：私の国はきれいな湖が有名で、外国からもたくさんの人が見に来ます。湖もいいですが、海も同じくらい青くてきれいです。そして、おいしい果物が安く食べられます。私は果物のジュースが好きで、帰ると必ず飲みます。皆さんもぜひ私の国に行ってみてください。

学生の国は、何が有名ですか。

[문제지]
1　みずうみ
2　うみ
3　くだもの
4　ジュース

해석 여자와 남자가 이야기하고 있습니다. 오늘은 몇 월 며칠입니까?
여: 생일 축하합니다. 이거, 선물입니다.
남: 고맙습니다. 하지만, 제 생일은 9월 20일이에요.
여: 물론 알고 있습니다. 그 날은 일요일이라 만날 수 없으니까, 이르지만, 오늘 건넸습니다.
남: 아, 그렇네요. 벌써 이틀 후네요.
여: 맞아요.

오늘은 몇 월 며칠입니까?
1 9월 18일
2 9월 19일
3 9월 20일
4 9월 22일

해설 남자가 僕の誕生日は9月20日ですよ(제 생일은 9월 20일이에요)라고 하자 여자가 알고 있다며 일요일이니 만날 수 없어서 오늘 선물을 건넸다고 하자, 남자가 もう二日後ですね(벌써 이틀 후네요)라며 생일이 이틀 후라고 언급했으므로, 대화에서 말한 오늘은

해석 교실에서 학생이 자신의 고국의 이야기를 하고 있습니다. 학생의 고국은, 무엇이 유명합니까?
여: 제 고국은 아름다운 호수가 유명해서, 외국에서도 많은 사람이 보러 옵니다. 호수도 좋지만, 바다도 마찬가지로 파랗고 아름답습니다. 그리고, 맛있는 과일을 싸게 먹을 수 있습니다. 저는 과일 주스를 좋아해서, 돌아가면 반드시 마십니다. 여러분도 꼭 제 고국에 가 봐 주세요.

학생의 고국은, 무엇이 유명합니까?
1 호수
2 바다
3 과일
4 주스

해설 학생이 私の国はきれいな湖が有名で(제 고국은 아름다운 호수가 유명해서)라고 언급했으므로, 1 みずうみ(호수)가 정답이다. 2는 학생이 아름답다고 한 곳이고, 3은 학생이 싸게 먹을 수 있다고 한 것이며, 4는 학생이 고국에 돌아가면 반드시 마신다고 한 것이

므로 오답이다.

어휘 教室 きょうしつ 圏교실　学生 がくせい 圏학생　自分 じぶん 圏자신
国 くに 圏고국, 나라　話 はなし 圏이야기　する 圏하다
何 なに 圏무엇　有名だ ゆうめいだ な형 유명하다
私 わたし 圏저, 나　きれいだ な형 아름답다　湖 みずうみ 圏호수
外国 がいこく 圏외국　~から 图~에서　たくさん 图많음
人 ひと 圏사람　見る みる 图보다　~に来る ~にくる ~하러 오다
いい い형 좋다　海 うみ 圏바다
同じくらい おなじくらい 마찬가지로　青い あおい い형 파랗다
そして 图 그리고　おいしい い형 맛있다　果物 くだもの 圏과일
安い やすい い형 싸다　食べる たべる 图먹다
~ことができる ~할 수 있다　ジュース 圏주스
好きだ すきだ な형 좋아하다　帰る かえる 图돌아가다
~と 图~하면　必ず かならず 图반드시　飲む のむ 图마시다
皆さん みなさん 여러분　ぜひ 图꼭　行く いく 图가다
~てみる ~해 보다　~てください ~해 주세요

5　난이도 중상

[음성]
坂の上で男の人と女の人が話しています。**女の人の家
はどれですか。**
男：町がよく見えますね。
女：そうですね。あ、私の家も見えます。あのマンショ
　　ンです。
男：橋の前にある高い建物ですか。
女：**いいえ、橋の向こうにある低いほうの建物です。**高
　　いほうには私のいとこが住んでいます。
男：そうですか。いとこと家が近くていいですね。
女：はい。歩いて5分くらいです。

女の人の家はどれですか。

[문제지]

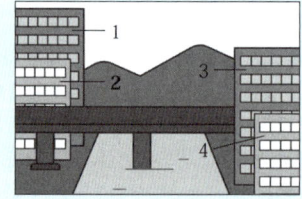

해석 언덕 위에서 남자와 여자가 이야기하고 있습니다. **여자의 집은 어
느 것입니까?**
남：마을이 잘 보이네요.
여：그렇네요. 아, 제 집도 보여요. 저 맨션이에요.
남：다리 앞에 있는 높은 건물인가요?
여：**아니요, 다리 건너편에 있는 낮은 쪽의 건물이에요.** 높은 쪽에
　는 제 사촌이 살고 있어요.
남：그렇군요. 사촌과 집이 가까워서 좋네요.
여：네. 걸어서 5분 정도예요.

여자의 집은 어느 것입니까?

해설 남자가 다리 앞에 있는 높은 건물이냐고 묻자, 여자가 いいえ、橋
の向こうにある低いほうの建物です(아니요, 다리 건너편에 있
는 낮은 쪽의 건물이에요)라고 언급했으므로, 여자의 집은 중앙에
있는 다리 건너편에 위치한 낮은 건물인 2번이다. 1은 여자의 사촌
이 사는 집이고, 3은 아니라고 했으며, 4는 언급하지 않았으므로 오
답이다.

어휘 坂 さか 圏언덕　上 うえ 圏위　家 いえ 圏집　どれ 어느 것
町 まち 圏마을　よく 图잘　見える みえる 图보이다
私 わたし 圏저, 나　あの 저　マンション 圏맨션　橋 はし 圏다리
前 まえ 圏앞　ある 있다　高い たかい い형 높다
建物 たてもの 圏건물　向こう むこう 圏건너편　低い ひくい い형 낮다
~ほう ~쪽　~には 图~에는　いとこ 圏사촌　住む すむ 图살다
近い ちかい い형 가깝다　いい い형 좋다　歩く あるく 图걷다
~分 ~ふん 분　~くらい 图~정도

6　난이도 중

[음성]
学校で女の学生と男の学生が話しています。**男の学生
は昨日何をしましたか。**男の学生です。
女：昨日はとても寒かったね。寒すぎて、ずっと家にい
　　たよ。
男：家で何をしていたの?
女：甘いものが食べたくなって、久しぶりにクッキーを
　　作った。夜はドラマを見たよ。
男：へえ、クッキーが作れるなんてすごい。**僕はダンス
をしたよ。**毎週日曜日はダンスの教室に通ってい
　　るんだ。
女：そうなんだ。その後は?
男：雪が降ったから、すぐに家に帰ったよ。いつもは
　　教室の友達とご飯を食べることが多いかな。

男の学生は昨日何をしましたか。

[문제지]

해석 학교에서 여학생과 남학생이 이야기하고 있습니다. **남학생은 어제
무엇을 했습니까?** 남학생입니다.
여：어제는 매우 추웠지. 너무 추워서, 계속 집에 있었어.
남：집에서 무엇을 하고 있었어?
여：단 것이 먹고 싶어져서, 오랜만에 쿠키를 만들었어. 밤에는 드

라마를 봤어.
남: 와-, 쿠키를 만들 수 있다니 굉장하다. **나는 춤을 췄어**. 매주 일요일은 댄스 교실에 다니고 있어.
여: 그렇구나. 그 다음에는?
남: 눈이 내렸으니까, 바로 집으로 돌아갔어. 평소에는 교실 친구와 밥을 먹는 일이 많으려나.

남학생은 어제 **무엇**을 했습니까?

해설 여자가 어제 쿠키를 만들었다는 말에 남자는 **僕はダンスをしたよ** (나는 춤을 췄어)라고 언급했으므로, 댄스 교실에서 춤추는 그림인 3이 정답이다. 1과 2는 여자가 한 일이고, 4는 평소 춤을 춘 다음에 하는 일이지만 눈이 내려서 집으로 갔다고 했으므로 오답이다.

어휘 学校 がっこう 명 학교   学生 がくせい 명 학생   昨日 きのう 명 어제
何 なに 명 무엇   する 동 하다   とても 부 매우
寒い さむい い형 춥다   ~すぎる 너무 ~하다   ずっと 부 계속
家 いえ 명 집   いる 동 있다   甘い あまい い형 달다   もの 명 것
食べる たべる 동 먹다   ~くなる ~해지다
久しぶりだ ひさしぶりだ な형 오랜만이다   クッキー 명 쿠키
作る つくる 동 만들다   夜 よる 명 밤   ドラマ 명 드라마
見る みる 동 보다   ~なんて 조 ~하다니   すごい い형 굉장하다
僕 ぼく 명 나   ダンス 명 춤, 댄스   毎週 まいしゅう 명 매주
日曜日 にちようび 명 일요일   教室 きょうしつ 명 교실
通う かよう 동 다니다   その 그   後 あと 명 다음, 후   雪 ゆき 명 눈
降る ふる 동 내리다   ~から 조 ~니까   すぐに 부 바로, 곧
帰る かえる 동 돌아가다   いつも 부 평소, 항상
友達 ともだち 명 친구   ご飯 ごはん 명 밥   多い おおい い형 많다

☞ 문제 3에서는, 그림을 보면서 질문을 들어주세요. ➡ (화살표) 의 사람은 뭐라고 말합니까? 1부터 3 중에서, 가장 알맞은 것을 하나 골라주세요. 디렉션과 예제는 제1회 실전모의고사의 해설 (p.22)에서 확인할 수 있습니다.

1 난이도 중

[문제지]

[음성]
お母さんが作ったご飯を全部食べました。お母さんに何と言いますか。

女: 1　ごちそうさまでした。
　　 2　いただきます。
　　 3　おやすみなさい。

해석 어머니가 만든 밥을 전부 먹었습니다. 어머니에게 뭐라고 말합니까?
여: **1 잘 먹었습니다.**
　 2 잘 먹겠습니다.
　 3 안녕히 주무세요.

해설 어머니에게 식사를 마치고 하는 말을 고르는 문제이다.
1 (O) ごちそうさまでした(잘 먹었습니다)는 밥을 먹은 후에 하는 인사말이므로 정답이다.
2 (X) いただきます(잘 먹겠습니다)는 밥을 먹기 전에 하는 인사말이므로 오답이다.
3 (X) おやすみなさい(안녕히 주무세요)는 잠을 자기 전에 하는 인사말이므로 오답이다.

어휘 お母さん おかあさん 명 어머니   作る つくる 동 만들다
ご飯 ごはん 명 밥   全部 ぜんぶ 명 전부   食べる たべる 동 먹다
ごちそうさまでした 잘 먹었습니다   いただきます 잘 먹겠습니다
おやすみなさい 안녕히 주무세요

2 난이도 중상

[문제지]

[음성]
店の人がトイレを掃除しています。使いたいです。何と言いますか。

男: 1　トイレを使っています。
　　 2　トイレを使うことができますか。
　　 3　トイレを使ってもいいですよ。

해석 가게 사람이 화장실을 청소하고 있습니다. 사용하고 싶습니다. 뭐라고 말합니까?
남: 1 화장실을 사용하고 있습니다.
　 2 화장실을 사용할 수 있을까요?
　 3 화장실을 사용해도 괜찮아요.

해설 가게 사람에게 화장실을 사용해도 되는지 묻는 말을 고르는 문제이다.
1 (X) トイレを使っています(화장실을 사용하고 있습니다)는 화장실을 이미 사용하고 있다는 말이므로 오답이다.
2 (O) トイレを使うことができますか(화장실을 사용할 수 있을까요)는 사용해도 되는지 묻는 말이므로 정답이다.
3 (X) トイレを使ってもいいですよ(화장실을 사용해도 괜찮아요)는 가게 사람이 할 수 있는 말이므로 오답이다.

어휘 店 みせ 명 가게   人 ひと 명 사람   トイレ 명 화장실

掃除 そうじ 명 청소 ～ている ~하고 있다 使う つかう 동 사용하다
～たい ~하고 싶다 ～ことができる ~할 수 있다
～てもいい ~해도 괜찮다

3　난이도 중상

[문제지]

[음성]
お昼休みです。友達とご飯を食べたいです。何と言いますか。

女：1　今日のランチはパスタだっけ？
　　 2　一緒にランチを食べない？
　　 3　ランチはどうだった？

해석　점심시간입니다. 친구와 밥을 먹고 싶습니다. 뭐라고 말합니까?
　여：1　오늘 점심은 파스타였나?
　　 2　같이 점심을 먹지 않을래?
　　 3　점심은 어땠어?

해설　친구에게 함께 밥을 먹자고 권유하는 말을 고르는 문제이다.
　1 (X) 今日のランチはパスタだっけ(오늘 점심은 파스타였나)는 점심 메뉴가 파스타였는지 묻는 말이므로 오답이다.
　2 (O) 一緒にランチを食べない(같이 점심을 먹지 않을래)는 함께 밥을 먹자고 권유하는 말이므로 정답이다.
　3 (X) ランチはどうだった(점심은 어땠어)는 점심을 먹은 후 묻는 말이므로 오답이다.

어휘　お昼休み おひるやすみ 명 점심시간　友達 ともだち 명 친구
　　　ご飯 ごはん 명 밥　食べる たべる 동 먹다　～たい ~하고 싶다
　　　今日 きょう 명 오늘　ランチ 명 점심, 런치　パスタ 명 파스타
　　　～っけ ~였나　一緒に いっしょに 부 같이

TIP　～と～たい(~와 ~고 싶다)와 같은 누군가와 어떤 것을 함께 하고 싶다는 표현이 나오면 상대방에게 권유하는 내용을 정답으로 고른다.

4　난이도 상

[문제지]

[음성]
友達とレストランに来ています。自分のメニューを選びました。友達に何と言いますか。

女：1　どのメニューがおすすめですか。
　　 2　どっちが欲しいですか。
　　 3　どれにするか決めましたか。

해석　친구와 레스토랑이 와 있습니다. 내 메뉴를 골랐습니다. 친구에게 뭐라고 말합니까?
　여：1　어느 메뉴가 추천입니까?
　　 2　어느 쪽을 원합니까?
　　 3　어느 것으로 할지 정했습니까?

해설　친구에게 메뉴를 정했는지 묻는 말을 고르는 문제이다.
　1 (X) どのメニューがおすすめですか(어느 메뉴가 추천입니까)는 추천 메뉴를 묻는 말이므로 오답이다.
　2 (X) どっちが欲しいですか(어느 쪽을 원합니까)는 몇 가지 메뉴를 말해주고 그중 어느 것을 원하는지 묻는 말이므로 오답이다.
　3 (O) どれにするか決めましたか(어느 것으로 할지 정했습니까)는 어떤 메뉴로 고를지 묻는 말이므로 정답이다.

어휘　友達 ともだち 명 친구　レストラン 명 레스토랑　来る くる 동 오다
　　　～ている ~해 있다　自分 じぶん 명 나, 자신　メニュー 명 메뉴
　　　選ぶ えらぶ 동 고르다, 선택하다　どの 어느　おすすめ 명 추천
　　　どっち 명 어느 쪽　欲しい ほしい い형 원하다　どれ 명 어느 것
　　　～にする ~로 하다　～か 조 ~할지　決める きめる 동 결정하다

5　난이도 상

[문제지]

[음성]
ペンがありません。受付にペンがいくつか置いてあります。何と言いますか。

男：1　すみません、ペンを借ります。
　　2　ああ、ペンがあります。
　　3　どうぞペンを使ってください。

해석 펜이 없습니다. 접수처에 펜이 몇 개인가 놓여 있습니다. 뭐라고 말합니까?

남：1　실례합니다, 펜을 빌리겠습니다.
　　2　아, 펜이 있습니다.
　　3　아무쪼록 펜을 사용해 주세요.

해설 접수처의 사람에게 펜을 빌려달라고 요청하는 말을 고르는 문제이다.
1 (○) すみません、ペンを借ります(실례합니다, 펜을 빌리겠습니다)는 펜을 빌리겠다는 말이므로 정답이다.
2 (×) ああ、ペンがあります(아, 펜이 있습니다)는 펜이 어딘가에 있다는 말이므로 오답이다.
3 (×) どうぞペンを使ってください(아무쪼록 펜을 사용해 주세요)는 접수처의 사람이 할 수 있는 말이므로 오답이다.

어휘 ペン 圏펜　ない い형없다　受付 うけつけ 圏접수처
　　いくつか 몇 개인가　置く おく 圏놓다　~てある ~해 있다
　　借りる かりる 圏빌리다　ある 있다　どうぞ 閉아무쪼록, 부디
　　使う つかう 圏사용하다　~てください ~해 주세요

☞ 문제 4는, 그림 등이 없습니다. 문장을 듣고 1부터 3 중에서, 가장 알맞은 것을 하나 골라 주세요. 디렉션과 예제는 제1회 실전모의고사의 해설(p.24)에서 확인할 수 있습니다.

1　난이도 중

[음성]
男：このバスはどこに行きますか。
女：1　9時に来ます。
　　2　動物園です。
　　3　デパートでした。

해석 남: 이 버스는 어디로 갑니까?
여：1　9시에 옵니다.
　　2　동물원입니다.
　　3　백화점이었습니다.

해설 남자가 여자에게 버스가 어디로 가는지 묻고 있다.
1 (×) '9時に来ます(9시에 옵니다)'는 언제 오는지 답하는 말이므로 오답이다.
2 (○) '動物園です(동물원입니다)'는 동물원에 간다는 말이므로 적절한 응답이다.
3 (×) 'デパートでした(백화점이었습니다)'는 시제가 맞지 않으므로 오답이다.

어휘 この 이　バス 圏버스　どこ 圏어디　行く いく 圏가다
　　~時 ~시　来る くる 圏오다　動物園 どうぶつえん 圏동물원
　　デパート 圏백화점

TIP どこ(어디)는 장소를 묻는 표현이므로, 장소를 답하는 내용을 정답으로 고른다. 단, 답변이 질문의 시제와 맞는지 주의 깊게 들어야 한다.

2　난이도 중

[음성]
女：この漢字はどう読みますか。
男：1　僕も分かりません。
　　2　漢字がこれです。
　　3　もう読みました。

해석 여: 이 한자는 어떻게 읽습니까?
남：1　저도 모르겠습니다.
　　2　한자가 이것입니다.
　　3　이미 읽었습니다.

해설 여자가 남자에게 한자를 어떻게 읽는지 묻고 있다.
1 (○) '僕も分かりません(저도 모르겠습니다)'은 질문에 모르겠다고 답하는 말이므로 적절한 응답이다.
2 (×) 漢字(한자)를 반복 사용하여 혼동을 준 오답이다.
3 (×) 読む(읽다)를 반복 사용하여 혼동을 준 오답이다.

어휘 この 이　漢字 かんじ 圏한자　どう 어떻게　読む よむ 圏읽다
　　僕 ぼく 저, 나　分かる わかる 圏알다　これ 圏이것　もう 閉이미

3　난이도 중상

[음성]
女：運動をよくしますか。
男：1　しやすいです。
　　2　1時間します。
　　3　毎日します。

해석 여: 운동을 자주 합니까?
남：1　하기 쉽습니다.
　　2　1시간 합니다.
　　3　매일 합니다.

해설 여자가 남자에게 운동을 자주 하는지 묻고 있다.
1 (×) する(하다)를 사용하여 혼동을 준 오답이다.
2 (×) '1時間します(1시간 합니다)'는 빈도수를 묻는 표현인 よく(자주)에, 빈도수가 아니라 소요 시간인 1時間(1시간)으로 응답하여 혼동을 준 오답이다.
3 (○) '毎日します(매일 합니다)'는 운동을 매일 한다는 말이므로 적절한 응답이다.

어휘 運動 うんどう 圏운동　よく 閉자주　する 圏하다
　　~やすい ~하기 쉽다　~時間 ~じかん ~시간
　　毎日 まいにち 圏매일

4 난이도 중상

[음성]
女：そろそろ会議を始めよう。
男：1　はい、分かりました。
　　 2　いつ始まりましたか。
　　 3　ときどき会議があります。

해석 여: 슬슬 회의를 시작하자.
　　 남: **1　네, 알겠습니다.**
　　　　 2　언제 시작되었습니까?
　　　　 3　가끔 회의가 있습니다.

해설 여자가 남자에게 회의를 시작하자고 말하고 있다.
　　 1 (O) 'はい、分かりました(네, 알겠습니다)'는 회의를 시작하자는 말에 응하는 적절한 응답이다.
　　 2 (X) 'いつ始まりましたか(언제 시작되었습니까)'는 시제가 맞지 않으므로 오답이다.
　　 3 (X) 会議(회의)를 반복 사용하여 혼동을 준 오답이다.

어휘 そろそろ 🔵 슬슬　会議 かいぎ 🟦 회의　始める はじめる 🟩 시작하다　分かる わかる 🟩 알다　いつ 🔵 언제　始まる はじまる 🟩 시작되다　ときどき 🔵 가끔, 때때로　ある 🟩 있다

5 난이도 중

[음성]
男：どんな本を買いましたか。
女：1　2冊買いました。
　　 2　1000円で買いました。
　　 3　車の雑誌を買いました。

해석 남: 어떤 책을 샀습니까?
　　 여: 1　2권 샀습니다.
　　　　 2　1000엔에 샀습니다.
　　　　 3　자동차 잡지를 샀습니다.

해설 남자가 여자에게 어떤 책을 샀는지 묻고 있다.
　　 1 (X) 本(책)과 관련된 2冊(2권)를 사용하여 혼동을 준 오답이다.
　　 2 (X) 買いました(샀습니다)를 반복 사용하여 혼동을 준 오답이다.
　　 3 (O) '車の雑誌を買いました(자동차 잡지를 샀습니다)'는 자동차 잡지를 샀다는 말이므로 적절한 응답이다.

어휘 どんな 어떤　本 ほん 🟦 책　買う かう 🟩 사다　~冊 ~さつ ~권　~円 ~えん ~엔　車 くるま 🟦 자동차　雑誌 ざっし 🟦 잡지

6 난이도 중상

[음성]
男：アルバイトのあと、予定がありますか。
女：1　母と買い物に行きます。
　　 2　アルバイトの前にカフェに行きました。
　　 3　その日は予定がありませんでした。

해석 남: 아르바이트 후에, 예정이 있습니까?
　　 여: **1　어머니와 쇼핑하러 갑니다.**
　　　　 2　아르바이트 전에 카페에 갔습니다.
　　　　 3　그날은 예정이 없었습니다.

해설 남자가 여자에게 아르바이트 후에 예정이 있는지 묻고 있다.
　　 1 (O) '母と買い物に行きます(어머니와 쇼핑하러 갑니다)'는 이후 일정을 이야기하는 적절한 응답이다.
　　 2 (X) アルバイト(아르바이트)를 반복 사용하여 혼동을 준 오답이다.
　　 3 (X) 予定(예정)를 반복 사용하여 혼동을 준 오답이다.

어휘 アルバイト 🟦 아르바이트　~のあと ~후　予定 よてい 🟦 예정　ある 🟩 있다　母 はは 🟦 어머니　買い物 かいもの 🟦 쇼핑　~に行く ~にいく ~하러 가다　~の前に ~のまえに ~전에　カフェ 🟦 카페　行く いく 🟩 가다　日 ひ 🟦 날　ない 🟧 없다

무료 온라인 실전모의고사·학습자료 제공
해커스일본어 japan.Hackers.com

제3회 실전모의고사

언어지식(문자·어휘)

문제 1
1	3
2	2
3	4
4	1
5	2
6	4
7	1

문제 2
8	4
9	1
10	2
11	3
12	4

문제 3
13	1
14	2
15	3
16	1
17	4
18	2

문제 4
19	2
20	1
21	3

언어지식(문법)

문제 1
1	2
2	3
3	3
4	1
5	2
6	2
7	1
8	3
9	2

문제 2
10	3
11	4
12	3
13	1

문제 3
14	2
15	4
16	1
17	4

독해

문제 4
18	2
19	2

문제 5
20	4
21	3

문제 6
22	2

청해

문제 1
1	3
2	1
3	2
4	2
5	4
6	2
7	3

문제 2
1	4
2	2
3	2
4	2
5	1
6	4

문제 3
1	2
2	1
3	1
4	2
5	3

문제 4
1	3
2	2
3	1
4	2
5	1
6	3

언어지식 (문자·어휘) p.113

> 문제 1의 디렉션
>
> 문제1 _____ 의 말은 히라가나로 어떻게 씁니까? 1·2·3·4에서 가장 알맞은 것을 하나 골라 주세요.

1 난이도 중상

아침 일곱 시七時에 일어났습니다.

1 한 시 2 여덟 시
3 일곱 시 4 일시

해설 七時는 3 しちじ로 발음한다.

어휘 七時 しちじ 뗑 일곱 시 あさ 뗑 아침 おきる 통 일어나다
いちじ 뗑 한시 はちじ 뗑 여덟 시 にちじ 뗑 일시

TIP 七이 포함된 날짜와 시간 표현인 七日(なのか, 7일), 七分(ななふん, 7분)도 출제될 수도 있으므로 함께 알아 둔다.

2 난이도 상

감기로 회사会社를 쉬었습니다.

1 (없는 단어) **2 회사**
3 (없는 단어) 4 (없는 단어)

해설 会社는 2 かいしゃ로 발음한다. かい와 しゃ가 탁음이 아닌 것에 주의한다.

어휘 会社 かいしゃ 뗑 회사 かぜ 뗑 감기 やすむ 통 쉬다

3 난이도 중

아버지お父さん와 함께 외출했습니다.

1 어머니 2 오빠
3 언니 **4 아버지**

해설 お父さん은 4 おとうさん으로 발음한다.

어휘 お父さん おとうさん 뗑 아버지 いっしょに 閉 함께
でかける 통 외출하다 お母さん おかあさん 뗑 어머니
お兄さん おにいさん 뗑 오빠, 형 お姉さん おねえさん 뗑 언니, 누나

4 난이도 중

잘 들어聞いて주세요.

1 들어 2 써
3 놓아 4 걸어

해설 聞いて는 1 きいて로 발음한다.

어휘 聞く きく 통 듣다 ちゃんと 閉 잘 ~てください ~해 주세요
書く かく 통 쓰다 置く おく 통 놓다 歩く あるく 통 걷다

TIP 聞く(きく, 듣다)는 友だちに聞く(ともだちにきく, 친구에게 묻다)와 같이 '묻다'라는 의미로도 자주 쓰이므로 함께 알아 둔다.

5 난이도 상

남쪽 출구南口가 어디인지 아시나요?

1 (없는 단어) **2 남쪽 출구**
3 (없는 단어) 4 (없는 단어)

해설 南口는 2 みなみぐち로 발음한다.

어휘 南口 みなみぐち 뗑 남쪽 출구 どこ 뗑 어디 ~か 조 ~인가
わかる 통 알다

TIP 口(くち, 출구)는 앞에 다른 명사가 붙어 한 단어가 된 경우 ぐち로 발음되므로 올바르게 구별하여 읽어야 한다.

6 난이도 상

아리 씨는 그렇게 대답했습니다答えました.

1 전했습니다 2 가르쳤습니다
3 외웠습니다 **4 대답했습니다**

해설 答えました는 4 こたえました로 발음한다.

어휘 ~さん ~씨 答える こたえる 통 대답하다 そう 閉 그렇다
伝える つたえる 통 전하다 教える おしえる 통 가르치다
覚える おぼえる 통 기억하다

7 난이도 중

그것은 유명한 이야기話입니다.

1 이야기 2 그림
3 노래 4 책

해설 話는 1 はなし로 발음한다.

어휘 話 はなし 뗑 이야기 それ 뗑 그것 ゆうめいだ な형 유명하다
絵 え 뗑 그림 歌 うた 뗑 노래 本 ほん 뗑 책

> 문제 2의 디렉션
>
> 문제2 _____ 말은 어떻게 씁니까? 1·2·3·4에서 가장 알맞은 것을 하나 골라 주세요.

8 난이도 중상

친구의 뒤うしろ에 줄을 섰습니다.

1 (없는 단어) 2 (없는 단어)
3 (없는 단어) **4 뒤**

해설 うしろ는 4 後ろ로 표기한다. 1, 2, 3은 없는 단어이다.

어휘 後ろ うしろ 圏뒤 ともだち 圏친구 ならぶ 圏줄을 서다

TIP 後가 포함된 단어 午後(ごご, 오후), 最後(さいご, 최후)도 자주 출제되므로 함께 알아 둔다.

9 난이도 상

학교의 수영장<u>ぷーる</u>은 큽니다.

1 수영장 2 (없는 단어)
3 (없는 단어) 4 (없는 단어)

해설 ぷーる를 가타카나로 올바르게 표기한 것은 1 プール이다. 2, 3, 4는 없는 단어이다.

어휘 プール 圏수영장 がっこう 圏학교 おおきい い형크다

10 난이도 중상

앞쪽 문에서 <u>나와でて</u> 주세요.

1 (없는 단어) **2 나와**
3 (없는 단어) 4 입어

해설 でて는 2 出て로 표기한다. 1, 3은 없는 단어이다.

어휘 出る でる 圏나오다 まえ 圏앞쪽 ドア 圏문 ~から 죄~에서 ~てください ~해 주세요 着る きる 圏입다

11 난이도 중상

이 방은 밝<u>あかるい</u>네요.

1 (없는 단어) 2 (없는 단어)
3 밝 4 (없는 단어)

해설 あかるい는 3 明るい로 표기한다. 1, 2, 4는 없는 단어이다.

어휘 明るい あかるい い형밝다 この 이 へや 圏방

TIP 明이 포함된 명사로 明日(あした/あす, 내일)도 출제될 수도 있으므로 함께 알아 둔다.

12 난이도 상

새로운 일<u>しごと</u>을 시작했습니다.

1 (없는 단어) 2 (없는 단어)
3 (없는 단어) **4 일**

해설 しごと는 4 仕事로 표기한다. 1, 2, 3은 없는 단어이다. 仕(し, 섬기다)를 선택지 1과 2의 任(にん, 맡기다)과 구별하고, 事(こと, 일)를 선택지 1과 3의 争(そう, 다투다)와 구별해서 알아 둔다.

어휘 仕事 しごと 圏일 あたらしい い형새롭다 はじめる 圏시작하다

문제 3의 디렉션

문제3 (　　) 에 무엇이 들어갑니까? 1·2·3·4에서 가장 알맞은 것을 하나 골라 주세요.

13 난이도 중

포도나 호박은 가을이 가장 맛있는 (　　) 입니다.

1 음식 2 과일
3 쇼핑 4 음료

해설 포도나 호박이라고 했으므로 ぶどうやかぼちゃはあきがいちばんおいしいたべものです(포도나 호박은 가을이 가장 맛있는 음식입니다)가 자연스럽다. 따라서 1 たべもの(음식)가 정답이다. 호박은 과일이 아니므로 2 くだもの는 정답이 될 수 없다.

어휘 ぶどう 圏포도 かぼちゃ 圏호박 あき 圏가을
いちばん 囘가장 おいしい い형맛있다 たべもの 圏음식
くだもの 圏과일 かいもの 圏쇼핑 のみもの 圏음료

TIP たべもの(음식)와 같이 もの를 사용한 단어 たてもの(건물)도 자주 출제되므로 함께 알아 둔다.

14 난이도 상

어머니는 (　　) 로, 사람의 병을 고치고 있습니다.

1 가수 **2 의사**
3 경찰관 4 작가

해설 사람의 병을 고치고 있다고 했으므로 ははいしゃで(어머니는 의사로)가 자연스럽다. 따라서 2 いしゃ(의사)가 정답이다.

어휘 はは 圏어머니 ひと 圏사람 びょうき 圏병 なおす 圏고치다
~ている ~하고 있다 かしゅ 圏가수 いしゃ 圏의사
けいかん 圏경찰관 さっか 圏작가

TIP いしゃ(의사)와 의미가 관련된 단어 びょういん(병원)도 자주 출제되므로 함께 알아 둔다.

15 난이도 상

(　　) 가 빨간색이기 때문에, 멈춰 주세요.

1 번호 2 안내
3 신호 4 시계

해설 빨간색이니 멈추라고 했으므로 しんごうがあかですから、とまってください(신호가 빨간색이기 때문에, 멈춰 주세요)가 자연스럽다. 따라서 3 しんごう(신호)가 정답이다.

어휘 あか 圏빨간색 ~から 죄~때문에 とまる 圏멈추다
~てください ~해 주세요 ばんごう 圏번호 あんない 圏안내
しんごう 圏신호 とけい 圏시계

16 난이도 중상

공항에서 ( ) 을 분실해서, 미국 여행에 가지 못했습니다.

1 **여권**　　　　　2 보고서
3 아파트　　　　　4 콘서트

해설　분실해서 미국에 못 갔다고 했으므로 パスポートをなくして(여권을 분실해서)가 자연스럽다. 따라서 1 パスポート(여권)가 정답이다.

어휘　くうこう 명 공항　なくす 동 분실하다　アメリカりょこう 명 미국 여행　いく 동 가다　パスポート 명 여권　レポート 명 보고서　アパート 명 아파트　コンサート 명 콘서트

17 난이도 중상

올해로 5 ( ) 이 되는 아들이 있습니다.

1 번　　　　　2 장
3 회　　　　　**4 살**

해설　ことしで 5 ( )になるむすこ(올해로 5( )이 되는 아들)를 보면 나이를 세는 것임을 알 수 있다. 나이를 세는 단위로는 さい(살)를 사용하는 것이 가장 적절하므로 4 さい(살)가 정답이다.

어휘　ことし 명 올해　～になる ~이 되다　むすこ 명 아들　いる 동 있다　～ばん 명 ~번　～まい 명 ~장　～かい 명 ~회　～さい 명 ~살

18 난이도 중

오늘의 수업이 전부 ( ) 때문에, 집에 돌아갑니다.

1 건넜기　　　　　**2 끝났기**
3 열었기　　　　　4 닫았기

해설　수업, 그리고 집에 돌아간다고 했으므로 じゅぎょうがぜんぶおわりましたから(수업이 전부 끝났기 때문에)가 자연스럽다. 따라서 2 おわりました(끝났기)가 정답이다.

어휘　きょう 명 오늘　じゅぎょう 명 수업　ぜんぶ 명 전부　～から 조 ~때문에　いえ 명 집　かえる 동 돌아가다　わたる 동 건너다　おわる 동 끝나다　あける 동 열다　しめる 동 닫다

문제 4의 디렉션

문제4 ＿＿＿의 문장과 대체로 같은 의미의 문장이 있습니다. 1·2·3·4에서 가장 알맞은 것을 하나 골라 주세요.

19 난이도 상

주말은 날씨가 좋았네요.

1 주말은 비였네요.
2 주말은 맑았네요.
3 주말은 눈이었네요.
4 주말은 흐렸네요.

해설　제시문 しゅうまつはてんきがよかったですね(주말은 날씨가 좋았네요)와 의미가 비슷한 2 しゅうまつははれでしたね(주말은 맑았네요)가 정답이다.

어휘　しゅうまつ 명 주말　てんき 명 날씨　よい い형 좋다　あめ 명 비　はれ 명 맑음　ゆき 명 눈　くもり 명 흐림

20 난이도 중상

이 가방은 조금 비쌉니다.

1 이 가방은 조금 비쌉니다.
2 이 가방은 매우 비쌉니다.
3 이 가방은 아마도 비쌉니다.
4 이 가방은 물론 비쌉니다.

해설　제시문에 사용된 ちょっと가 '조금'이라는 의미이므로, 이와 의미가 같은 すこし(조금)를 사용한 1 このかばんはすこしたかいです(이 가방은 조금 비쌉니다)가 정답이다.

어휘　この 이　かばん 명 가방　ちょっと 부 조금　たかい い형 비싸다　すこし 부 조금　たいへん な형 매우　たぶん 부 아마도　もちろん 부 물론

21 난이도 중상

수업에서 새로운 한자를 배웠습니다.

1 수업에서 새로운 한자를 썼습니다.
2 수업에서 새로운 한자를 외웠습니다.
3 수업에서 새로운 한자를 공부했습니다.
4 수업에서 새로운 한자를 연습했습니다.

해설　제시문 じゅぎょうであたらしいかんじをならいました(수업에서 새로운 한자를 배웠습니다)와 가장 의미가 유사한 3 じゅぎょうであたらしいかんじをべんきょうしました(수업에서 새로운 한자를 공부했습니다)가 정답이다.

어휘　あたらしい い형 새롭다　かんじ 명 한자　ならう 동 배우다　かく 동 쓰다　おぼえる 동 외우다　べんきょう 명 공부　れんしゅう 명 연습

언어지식(문법) p.121

문제 1의 디렉션

문제1 ( ) 에 무엇을 넣습니까? 1·2·3·4 에서 가장 알맞은 것을 하나 골라 주세요.

---

1 난이도 중상

빨간 꽃이 달린 목걸이 ( ) 아내에게 주었습니다.
1 가　　　　　**2 를**
3 의　　　　　4 로

해설　빈칸 뒤에서 아내에게 주었다고 했으므로, 목걸이라는 목적어를 나타내는 'を(를)'를 사용하는 것이 자연스럽다. 따라서 2 を(를)가 정답이다.

어휘　赤い あかい い형 빨갛다　花 はな 명 꽃　つく 동 달리다
ネックレス 명 목걸이　つま 명 아내　あげる 동 주다
~が 조 ~가, 이　~を 조 ~를, 을　~の 조 ~의　~で 조 ~로

---

2 난이도 중상

밥을 3그릇 ( ) 먹었기 때문에 배가 부릅니다.
1 만　　　　　2 과
3 이나　　　　4 밖에

해설　빈칸 앞에서 '밥을 3그릇'이라고 하고, 빈칸 뒤에서 '먹었기 때문에 배가 부릅니다'라고 했으므로, 수량을 강조하는 'も(이나)'를 사용하는 것이 자연스럽다. 따라서 3 も(이나)가 정답이다.

어휘　ご飯 ごはん 명 밥　~ばい ~그릇　食べる たべる 동 먹다
~から ~때문에　おなかがいっぱい 배가 부르다　~だけ 조 ~만
~と 조 ~과, 와　~も 조 ~이나　~しか 조 ~밖에

TIP　조사 も는 '~도'라는 의미 말고도, '~이나'라는 의미로도 자주 쓰이므로 함께 알아둔다.

---

3 난이도 중상

일본 ( ) 집 안에서 신발을 신지 않습니다.
1 에서　　　　2 에
3 에서는　　　4 에는

해설　빈칸 앞에서 '일본'이라고 하고, 빈칸 뒤에서 집 안에서는 신발을 신지 않는다는 문화를 말하고 있으므로 어떤 특정한 장소를 집어 말하는 'では(에서는)'를 사용하는 것이 자연스럽다. 따라서 3 では(에서는)가 정답이다.

어휘　日本 にほん 명 일본　家 いえ 명 집　~の 조 ~의　中 なか 명 안
くつ 명 신발　はく 동 신다　~で 조 ~에서　~に 조 ~에
~では 조 ~에서는　~には 조 ~에는

---

4 난이도 중

영어 리포트는 다음 주 월요일 ( ) 제출해 주세요.
1 까지　　　　2 에까지
3 까지라고　　　4 라고까지

해설　빈칸 앞에서 월요일, 빈칸 뒤에서 제출해 달라고 했으므로, 월요일이라는 기한을 나타내는 'までに(까지)'를 사용하는 것이 자연스럽다. 따라서 1 までに(까지)가 정답이다.

어휘　英語 えいご 명 영어　レポート 명 리포트　来週 らいしゅう 명 다음 주
月曜日 げつようび 명 월요일　出す だす 동 제출하다
~てください ~해 주세요　~までに 조 ~까지　~に 조 ~에
~まで ~까지　~と 조 ~라고

TIP　までに(까지)는 月曜日(월요일), 来週(다음 주), 今月(이번 달) 등 날짜와 시간을 나타내는 단어와 자주 사용되므로 제시문에 이와 같은 표현이 있는지 유의한다.

---

5 난이도 중상

메뉴 중에 ( ) 추천은 있나요?
1 무엇도　　　　**2 무엇인가**
3 무엇의　　　　4 무엇으로

해설　빈칸 뒤에서 추천은 있는지 물었으므로, 의문을 나타내는 'か(인가)'를 사용하는 것이 자연스럽다. 따라서 2 何か(무엇인가)가 정답이다.

어휘　メニュー 명 메뉴　中 なか 명 중　おすすめ 명 추천　ある 동 있다
何 なに 명 무엇　~も 조 ~도　~か 조 ~인가　~の 조 ~의
~に 조 ~으로

---

6 난이도 중상

가족 중에, 고등학생인 남동생이 ( ) 키가 큽니다.
1 대개　　　　　**2 가장**
3 많이　　　　　4 여러 가지

해설　빈칸 앞에서 '가족 중에'라고 하고, 빈칸 뒤에서 '키가 큽니다'라고 했으므로, 여러 대상들 중 제일 두드러지는 것을 나타내는 'いちばん(가장)'을 사용하는 것이 자연스럽다. 따라서 2 いちばん(가장)이 정답이다.

어휘　かぞく 명 가족　中 なか 명 중　高校生 こうこうせい 명 고등학생
弟 おとうと 명 남동생　せ 명 키　高い たかい い형 크다
たいてい 부 대개　いちばん 가장　たくさん 부 많이
いろいろ 부 여러 가지

7 난이도 상

가와키타 "피터 씨는 (   ) 일본에 왔습니까?"
피터 "어릴 때부터, 일본의 만화를 좋아했기 때문입니다."

1 어째서
2 어떻게
3 어떤
4 어딘가

해설 피터가 일본에 온 이유를 말하고 있으므로, 피터에게 이유를 묻는 'どうして(어째서)'를 사용하는 것이 자연스럽다. 따라서 1 どうして(어째서)가 정답이다.

어휘 日本 にほん 명 일본 来る くる 동 오다 小さい ちいさい い형 어리다 とき 명 때 ~から 조 ~부터 まんが 명 만화 好きだ すきだ な형 좋아하다 ~から 조 ~때문 どうして 부 어째서 どうやって 부 어떻게 どんな 어떤 どこか 어딘가

TIP どうして(어째서)와 같은 뜻을 가진 의문사인 なぜ(왜)도 출제될 수도 있으므로 함께 알아 둔다.

8 난이도 상

(레스토랑에서)
기무라 "메뉴는 정해졌나요?"
이와타 "저는 카레를 주문하겠습니다. 기무라 씨는요?"
기무라 "저는 우동 (   )."

1 이 아닙니다
2 이 됩니다
3 으로 하겠습니다
4 이라고 말합니다

해설 기무라가 이와타에게 메뉴를 정했는지 묻자, 이와타가 카레로 정했다고 하면서 기무라에게 되물었으므로, 자신이 결정한 것을 나타내는 'にする(으로 하다)'를 사용하는 것이 자연스럽다. 따라서 3 にします(으로 하겠습니다)가 정답이다.

어휘 レストラン 명 레스토랑 メニュー 명 메뉴 決まる きまる 동 정해지다 私 わたし 명 저, 나 カレー 명 카레 たのむ 동 주문하다 うどん 명 우동 ~になる ~가 되다 ~にする ~으로 하다 ~と 조 ~라고 言う いう 동 말하다

9 난이도 상

부장님이 자리에 없습니다. 아마 지금 회의를 (   ).

1 하고 있었습니다
2 하고 있을 것입니다
3 하고 있지 않습니다
4 하고 있는 편입니다

해설 빈칸 앞에 추측할 때 사용하는 말 たぶん(아마)이 있으므로, 부장님이 자리에 없는 이유를 추측하는 'でしょう(일 것입니다)'를 사용하는 것이 자연스럽다. 따라서 2 しているでしょう(하고 있을 것입니다)가 정답이다. 1과 3의 ~ている는 '~하고 있다', 2의 ~でしょう는 '~일 것입니다', 4의 ~ほうだ는 '~인 편이다'라는 의미임을 알아 둔다.

어휘 ぶちょう 명 부장(님) 席 せき 명 자리 いない 동 없다 たぶん 부 아마 いま 명 지금 会議 かいぎ 명 회의 ~ている ~하고 있다 ~でしょう ~일 것입니다 ~ほう ~편

TIP ~でしょう(~일 것입니다)의 반말 표현인 ~だろう(~일 것이다)도 출제될 수도 있으므로 함께 알아 둔다.

문제 2의 디렉션

문제2 ___★___ 에 들어갈 것은 어느 것입니까? 1・2・3・4에서 가장 알맞은 것을 하나 골라 주세요.

10 난이도 중

다나카 선생님의 수업은 어렵 ★지 만 재미있습니다.

1 만
2 은
3 지
4 어렵

해설 선택지 1의 も는 선택지 3의 けれど와 접속하여 けれども(지만)라는 조사를 만들 수 있다. 그러므로 선택지 3 けれど와 1 も를 우선 연결한다. 이후 나머지 선택지를 의미가 통하게 배열하면 2 は 4 むずかしい 3 けれど 1 も(은 어렵지만)가 된다. 전체 문맥과도 자연스럽게 연결되므로 3 けれど(지)가 정답이다.

어휘 先生 せんせい 명 선생(님) じゅぎょう 명 수업 おもしろい い형 재미있다 ~は 조 ~은, 는 ~けれども 조 ~지만 むずかしい い형 어렵다

TIP ~けれども(~지만)는 동사와 い형용사의 사전형과 접속하여 사용되므로 동사와 い형용사의 사전형이 있다면 ~けれども 앞으로 배치한다.

11 난이도 중상

옛날에, 부모님께 받은 ★양복을 지금도 소중하게 입고 있습니다.

1 받은
2 부모님에게
3 지금도
4 양복을

해설 전체 선택지를 의미가 통하게 배열하면 2 りょうしんに 1 もらった 4 スーツを 3 今も(부모님에게 받은 양복을 지금도)가 된다. 전체 문맥과도 자연스럽게 연결되므로 4 スーツを(양복을)가 정답이다.

어휘 むかし 명 옛날 だいじだ な형 소중하다 きる 동 입다 ~ている ~하고 있다 もらう 동 받다 りょうしん 명 부모님 ~に 조 ~에게 今 いま 명 지금 ~も 조 ~도 スーツ 명 양복 ~を 조 ~을, 를

12 난이도 중상

A "피아노는 언제 시작했나요?"
B "제가 7살 ★때부터 계속 쳐 왔어요."

1 쳐
2 7살
3 때부터
4 계속

해설 선택지 1의 ひいて는 빈칸 뒤의 きました와 접속하여 てくる(~해 오다)라는 문형을 만들 수 있다. 그러므로 선택지 1 ひいて와 きました를 우선 연결한다. 이후 나머지 선택지를 의미가 통하게 배열

하면 2 7さいの 3 ときから 4 ずっと 1 ひいて(7살 때부터 계속 쳐)가 된다. 전체 문맥과도 자연스럽게 연결되므로 3 ときから(때부터)가 정답이다.

어휘 ピアノ 명피아노 いつ 언제 始める はじめる 동시작하다
私 わたし 명저, 나 ～てくる ~해 오다 ひく 동치다 ～さい ~살
～とき ~때 ずっと 부계속

TIP 조사 か는 의문사와 함께 쓰이면 '~(인)가'라는 뜻이 되므로 함께 쓰인 단어에 따라 뜻을 올바르게 구별해야 한다.

13 난이도 상

A "오사카에 가는 데 비행기와 기차와 어느 쪽이 ★빠릅 니 까?"
B "아마도 비행기입니다."

1 **빠릅**   2 니
3 기차와   4 어느 쪽이

해설 선택지 3의 れっしゃ는 빈칸 앞의 ひこうき와 선택지 4의 どちらが와 접속하여 ～と～とどちらが(~와 ~와 어느 쪽이)라는 문형을 만들 수 있다. 그러므로 빈칸 앞의 ひこうき에 이어서 선택지 3 れっしゃ와 4 どちらが를 우선 연결한다. 이후 나머지 선택지를 의미가 통하게 배열하면 3 れっしゃ 4 どちらが 1 はやい 2 です(기차와 어느 쪽이 빠릅니까)가 된다. 전체 문맥과도 자연스럽게 연결되므로 1 はやい(빠릅)가 정답이다.

어휘 大阪 おおさか 명오사카 行く いく 동가다 ～のに 조~하는 데
ひこうき 명비행기 ～と 조~와 たぶん 부아마도
はやい い형빠르다 れっしゃ 명기차 どちら 어느 쪽
～が 조~이, 가

문제 3의 디렉션

문제3 14 부터 17 에 무엇을 넣습니까? 문장의 의미를 생각해서, 1·2·3·4 에서 가장 알맞은 것을 하나 골라 주세요.

14-17

차이 씨와 줄리아 씨는 작문을 쓰고, 학급 모두의 앞에서 읽었습니다.

(1) 차이 씨의 작문

지난번에 백화점에서 쇼핑을 했습니다. [14]코트와 장갑 14 겨울에 필요한 물건을 샀습니다. [15]제 나라는 1년 내내 따뜻합니다. 그래서, 지금까지 15 .
일본의 겨울은 제 나라보다 상당히 춥다고 들었습니다. 빨리 코트를 입고, 장갑을 끼고 외출하고 싶습니다.

(2) 줄리아 씨의 작문

[16]지난주, 슈퍼마켓에 과자를 16 . 이번에 1주일간 고국에 돌아갑니다. 그때, 가족과 친구에게 줄 선물을 골랐습니다.
저는 일본 과자를 좋아해서, 자주 먹습니다. [17]먹고 맛있었던 것을 많이 샀습니다. 17 , [17]먹어 보고 싶은 것도 몇 가지 샀습니다. 모두들 기뻐할 것이라고 생각합니다.

어휘 さくぶん 명작문 書く かく 동쓰다 クラス 명학급
みんな 명모두 前 まえ 명앞 読む よむ 동읽다
このあいだ 명지난번 デパート 명백화점
買い物 かいもの 쇼핑 する 동하다 コート 명코트
手ぶくろ てぶくろ 명장갑 冬 ふゆ 명겨울
ひつようだ な형필요하다 物 もの 명물건 買う かう 동사다
私 わたし 명저 国 くに 명나라 一年 いちねん 명1년
～中 ～じゅう 조~내내 あたたかい い형따뜻하다
だから 접그래서 今 いま 명지금 ～まで 조~까지
日本 にほん 명일본 だいぶ 부상당히 さむい い형춥다
聞く きく 동듣다 はやく 부빨리 きる 동입다 つける 동끼다
出かける でかける 동외출하다 ～たい ~하고 싶다
先週 せんしゅう 명지난주 スーパー 명슈퍼마켓 おかし 명과자
こんど 이번에 一週間 いっしゅうかん 명1주일 간
帰る かえる 동돌아가다 その 그 とき 명때 かぞく 명가족
友だち ともだち 명친구 わたす 동주다 おみやげ 명선물
えらぶ 동고르다 好きだ すきだ な형좋아하다 よく 부자주
食べる たべる 동먹다 おいしい い형맛있다 たくさん 부많이
～てみる 조~해 보다 いくつか 몇 가지 よろこぶ 동기뻐하다
思う おもう 동생각하다

14 난이도 중상

1 정도   **2 등**
3 만   4 부터

해설 빈칸 앞에서 '코트와 장갑', 빈칸 뒤에서 '겨울에 필요한 물건을 샀습니다'라고 했으므로, 앞서 나열한 코트와 장갑을 포함해 겨울에 필요한 물건을 포괄하여 말할 수 있는 'など(등)'를 사용하는 것이 자연스럽다. 따라서 2 など(등)가 정답이다.

어휘 ～くらい 조~정도 ～など 조~등 ～だけ 조~만
～から 조~부터

15 난이도 상

1 가집니다   2 가지지 않습니다
3 가지고 있었습니다   **4 가지고 있지 않았습니다**

해설 빈칸 앞에서 '제 나라는 1년내내 따뜻합니다. 그래서, 지금까지'라고 했으므로, 자신이 살던 나라가 따뜻해서 이전부터 지금까지 하지 않았던 것을 나타내는 '～ませんでした(~하지 않았습니다)'를 사용하는 것이 자연스럽다. 따라서 4 持っていませんでした

(가지고 있지 않았습니다)가 정답이다. 1의 ～ます는 '~합니다', 2의 ～ません는 '~하지 않습니다', 3과 4의 ～ている는 '~하고 있다'라는 의미임을 알아 둔다.

어휘 持つ もつ 图 가지다 ～ている ~하고 있다

16 난이도 상

1 사러 갔습니다
2 사기 시작했습니다
3 살 생각이었습니다
4 다 샀습니다

해설 빈칸 앞에서 '지난주, 슈퍼마켓에 과자를'이라고 했으므로, 슈퍼마켓에 간 목적을 나타내는 '~に行く(~하러 가다)'를 사용하는 것이 자연스럽다. 따라서 1 買いに行きました(사러 갔습니다)가 정답이다. 2의 ～はじめる는 '~하기 시작하다', 3의 ～つもりだ는 '~할 생각이다', 4의 ～おわる는 '다 ~하다'라는 의미임을 알아 둔다.

어휘 ～に行く ～にいく ~하러 가다   ～はじめる ~하기 시작하다
～つもりだ ~할 생각이다   ～おわる 다~하다

TIP 조사 には는 보통 '~에, ~에게'라는 뜻으로 사용되지만, 문형 ～に行く(~하러 가다)와 같이 '~하러'라는 의미로도 쓰이므로 함께 알아 둔다.

17 난이도 상

1 그래서
2 또는
3 즉
4 그리고

해설 빈칸 앞 문장의 食べておいしかった物をたくさん買いました(먹고 맛있었던 것을 많이 샀습니다)는 빈칸 뒤의 食べてみたい物もいくつか買いました(먹어 보고 싶은 것도 몇 가지 샀습니다)와 이어지는 내용이므로, 빈칸에는 병렬 관계를 나타내는 말이 필요하다. 따라서 4 それから(그리고)가 정답이다.

어휘 それで 접 그래서   または 접 또는   つまり 접 즉
それから 접 그리고

TIP それから(그리고)와 비슷한 의미의 접속사인 そして(그리고)로 바뀌어 출제될 수도 있으므로 함께 알아 둔다.

독해 p.128

문제 4의 디렉션

문제4 다음의 (1)과 (2)의 글을 읽고, 질문에 답해 주세요. 답은, 1·2·3·4에서 가장 알맞은 것을 하나 골라 주세요.

18 난이도 중

내일, 친구의 생일 파티가 있습니다. **요리를 만들어서 파티에 가지고 갈 생각입니다. 내일은 시간이 없기 때문에, 이후에 만듭니다.** 어제, 요리에 사용할 고기나 야채를 샀고, 레시피도 엄마에게 배웠습니다. 그래서, 맛있게 할 수 있다고 생각합니다.

오늘은 무엇을 합니까?
1 음식을 가지고 파티에 갑니다.
2 파티에 가지고 갈 요리를 만듭니다.
3 고기나 야채를 사러 갑니다.
4 요리의 레시피를 엄마에게 배웁니다.

해설 지문 중반부에서 りょうりを作ってパーティーに持って行くつもりです。明日は時間がありませんから、このあと作ります(요리를 만들어서 파티에 가지고 갈 생각입니다. 내일은 시간이 없기 때문에, 이후에 만듭니다)라고 언급하고 있으므로, 2 パーティーに持って行くりょうりを作ります(파티에 가지고 갈 요리를 만듭니다)가 정답이다.

어휘 明日 あした 명 내일   友だち ともだち 명 친구   たんじょうび 명 생일
パーティー 명 파티   ある 동 있다   りょうり 명 요리
作る つくる 동 만들다   持つ もつ 동 가지다
～て行く ～ていく ~하고 가다   ～つもりだ ~할 생각이다
時間 じかん 명 시간   ない い형 없다   このあと 명 이후
きのう 명 어제   使う つかう 동 사용하다   肉 にく 명 고기
やさい 명 야채   買う かう 동 사다   レシピ 명 레시피
母 はは 명 엄마   ならう 동 배우다   だから 접 그래서
おいしい い형 맛있다   できる 동 할 수 있다   思う おもう 동 생각하다
何 なに 명 무엇   する 동 하다   行く いく 동 가다

TIP 질문에 今日(きょう, 오늘)와 같이 시점을 나타내는 단어가 있을 경우, 지문에서 시점을 나타내는 단어 근처에서 정답의 근거를 찾을 수 있다.

19 난이도 중상

가네코 씨가 시마다 씨에게 이메일을 보냈습니다.

시마다 씨
11시부터 **스타 전기의 야마구치 씨와의 회의가 있죠.** 저도 참가합니다만, 다른 볼일이 있어 10분정도 늦습니다.
죄송합니다만, 먼저 회의를 시작해 둬 주십시오. 야마구치 씨에게는 그 일을 전해 두었습니다.
그럼, 잘 부탁드립니다.

가네코

시마다 씨는 가네코 씨가 회사에 도착하기 전에 어떻게 합니까?

1 야마구치 씨와 다른 회의를 합니다.
2 야마구치 씨와 먼저 회의를 시작합니다.
3 야마구치 씨에게 가네코 씨가 늦는 것을 전합니다.
4 가네코 씨에게 야마구치 씨가 늦는 것을 전합니다.

해설 지문의 초반부에서 スター電気の山口さんとのかいぎがありますね(스타 전기의 야마구치 씨와의 회의가 있죠)라고 하고, 후반부에서 すみませんが、先にかいぎをはじめておいてください(죄송합니다만, 먼저 회의를 시작해 둬 주십시오)라고 언급하고 있으므로 2 山口さんと先にかいぎをはじめます(야마구치 씨와 먼저 회의를 시작합니다)가 정답이다.

어휘 メール 명 이메일   送る 통 보내다   ~時 ~시
~から 조 ~부터   電気 でんき 명 전기   かいぎ 명 회의
ある 통 있다   私 わたし 명 저, 나   さんか 명 참가   ほかの 다른
用事 ようじ 명 볼일   ~分 ~ぶん 명 ~분   ~ほど 조 ~정도
おくれる 통 늦다   先に さきに 먼저   はじめる 통 시작하다
~ておく ~해 두다   ~てください ~해 주세요   その 그   こと 명 일
つたえる 통 전하다   ~てある ~해 두다   では 접 그럼
よろしく 잘   おねがい 명 부탁   会社 かいしゃ 명 회사
着く つく 통 도착하다   ~前に ~まえに ~전에   どう 부 어떻게
する 통 하다

문제 5의 디렉션

문제 5 다음의 글을 읽고, 질문에 답해 주세요. 답은, 1·2·3·4에서 가장 알맞은 것을 하나 골라 주세요.

20-21

이것은 리카 씨가 쓴 작문입니다.

사진

리카

저는 일본에 오고 나서 자주 사진을 찍습니다. 일본에 오기 전에는 그다지 사진을 좋아하지 않고, 친구들과 만났을 때 가끔 찍을 정도였습니다.

하지만, 일본에 와서, 먹은 밥이나 길에 피어 있는 꽃까지 사진으로 찍고 있습니다. [20]부모님께 보내기 때문입니다. 부모님은 제가 혼자서 외국에 살고 있는 것을 걱정하고 있습니다. 하지만, 사진을 보고 안심할 수 있다고 말했습니다. 그래서, 조금 번거로워도 찍고 있었습니다.

그러자, [21]점점 사진을 찍는 것이 좋아졌습니다. 나중에 보면 재미있다는 것을 깨달았기 때문입니다. 일본에서의 생활도 앞으로 3개월밖에 없습니다. 여기에 있는 동안, 많이 사진을 찍고 싶습니다.

어휘 これ 명 이것   書く かく 통 쓰다   さくぶん 명 작문   しゃしん 명 사진
私 わたし 명 저, 나   日本 にほん 명 일본   来る くる 통 오다

~てから ~하고 나서   よく 부 자주   とる 통 찍다   ~まえ ~전
あまり 부 그다지   好きだ すきだ な형 좋아하다
友だち ともだち 명 친구   ~と 조 ~과   会う あう 통 만나다
とき 명 때   ときどき 부 가끔   ~くらい 조 ~정도   でも 접 하지만
食べる たべる 통 먹다   ご飯 ごはん 명 밥   道 みち 명 길
さく 통 피다   ~ている ~어 있다   花 はな 명 꽃   ~まで ~까지
りょうしん 명 부모님   送る おくる 통 보내다   ~から 조 ~때문
一人で ひとりで 혼자서   外国 がいこく 명 외국   すむ 통 살다
しんぱい 명 걱정   見る みる 통 보다   あんしん 명 안심
言う いう 통 말하다   だから 접 그래서   少し すこし 부 조금
めんどうだ な형 번거롭다   ~でも ~해도   すると 접 그러자
だんだん 부 점점   ~になる ~해지다   あとから 나중에
楽しい たのしい い형 재미있다   気づく きづく 통 깨닫다
せいかつ 명 생활   あと 부 앞으로   ~か月 ~かげつ ~개월
~しか 조 ~밖에   ない い형 없다   ここ 명 여기   いる 통 있다
~あいだ ~동안   たくさん 부 많이   ~たい ~하고 싶다

20 난이도 상

'나'는 찍은 사진을 어떻게 합니까?

1 일본에 있는 친구에게 보냅니다.
2 일본에 있는 부모님께 보냅니다.
3 '나'의 나라에 있는 친구에게 보냅니다.
4 '나'의 나라에 있는 부모님께 보냅니다.

해설 두 번째 단락에서 りょうしんに送るからです。りょうしんは私が一人で外国にすんでいることをしんぱいしています(부모님께 보내기 때문입니다. 부모님은 제가 혼자서 외국에 살고 있는 것을 걱정하고 있습니다)라며 '내'가 혼자 외국에 있어 고국에서 걱정하는 부모님께 보낸다고 언급하고 있으므로, 4 「私」の国にいるりょうしんに送ります('나'의 나라에 있는 부모님께 보냅니다)가 정답이다.

어휘 どう 부 어떻게   する 통 하다   国 くに 명 나라

21 난이도 상

어째서, 많이 사진을 찍고 싶습니까?

1 부모님이 사진을 보고 안심하기 때문에
2 부모님이 사진을 보는 것을 좋아하기 때문에
3 일본에서 찍은 사진을 나중에 보고 싶기 때문에
4 일본에서 찍은 사진을 보는 것을 좋아하기 때문에

해설 밑줄의 앞부분에서 だんだんしゃしんをとることが好きになりました。あとから見て楽しいことに気づいたからです(점점 사진을 찍는 것이 좋아졌습니다. 나중에 보면 재미있다는 것을 깨달았기 때문입니다)라고 언급하고 있으므로, 3 日本でとったしゃしんをあとから見たいから(일본에서 찍은 사진을 나중에 보고 싶기 때문에)가 정답이다.

어휘 どうして 어째서

문제 6의 디렉션

문제6 오른쪽 페이지를 보고, 아래의 질문에 답해 주세요. 답은, 1·2·3·4에서 가장 알맞은 것을 하나 골라 주세요.

22

박물관에 갑니다.
박물관에 가서, 마을의 역사를 더 알아봅시다.

●시간
9시에 학교를 출발합니다.
8시 30분까지 학교로 와 주세요.
비가 내려도 갑니다.

●가져 오는 것
펜
모자
[22]날씨가 안 좋을 때는 모자 대신에 우산을 가지고 와 주세요.

●돈
전철 요금이 500엔 필요합니다.
[22]박물관에 가기 전 날에 선생님에게 먼저 건네 주세요.

혼마치 학교

어휘 はくぶつかん 명박물관 行く いく 동가다 町 まち 명마을
れきし 명역사 もっと 부더 しる 동알(아보)다
~ましょう ~합시다 時間 じかん 명시간 ~時 ~じ ~시
学校 がっこう 명학교 しゅっぱつ 명출발 ~分 ~ぶん ~분
~までに 조~까지 来る くる 동오다 ~てください ~해 주세요
雨 あめ 명비 ふる 동내리다 ~ても ~해도 もつ 동가지다
~てくる ~해 오다 もの 명것 ペン 명펜 ぼうし 명모자
てんき 명날씨 わるい い형안 좋다, 나쁘다 とき 명때
かわり 명대신 かさ 명우산 お金 おかね 명돈
電車 でんしゃ 명전철 ~円 ~えん ~엔 いる 동필요하다
前 まえ 명전 日 ひ 명날 先生 せんせい 명선생님
わたす 동건네다

22 난이도 상

내일, 학교에서 박물관에 갑니다. 날씨는 비입니다. 내일 무엇을 가지고 갑니까?

1 펜과 모자
2 펜과 우산
3 돈과 모자
4 돈과 우산

해설 질문에서 제시된 조건 (1) てんきは雨です(날씨는 비입니다), (2) 明日(내일)에 따라 지문을 보면,
(1) 날씨는 비: もってくるもの(가져 오는 것)를 보면 天気がわるいときはぼうしのかわりにかさをもってきてください(날씨가 안 좋을 때는 모자 대신에 우산을 가지고 와 주세요)라고 되어 있으므로, 원래 가지고 가야 하는 펜과 모자 중에 모자 대신 우산을 가지고 간다.
(2) 내일: お金(돈)를 보면 はくぶつかんに行く前の日(박물관에 가기 전 날)라고 되어 있으므로 돈은 가져가지 않는다.
따라서, 2 ペンとかさ(펜과 우산)가 정답이다.

어휘 明日 あした 명내일 何 なに 명무엇 ~て行く ~ていく ~하고 가다

TIP 조건에서 언급된 단어를 지문에서 찾아 확인하면 정답의 단서를 빠르게 찾을 수 있다.

청해 p.137

문항별 분할 파일 바로 듣기

☞ 문제 1에서는, 먼저 질문을 들어주세요. 그리고 이야기를 듣고, 문제 용지의 1부터 4 중에서, 가장 알맞은 것을 하나 골라주세요. 디렉션과 예제는 제1회 실전모의고사의 해설(p.14)에서 확인할 수 있습니다.

1 난이도 상

[음성]
ハンバーガー屋で店の人と男の人が話しています。男の人は何をいくつ頼みましたか。

女: 注文は決まりましたか。
男: はい。ハンバーガーを2つください。
女: 飲み物はいかがですか。
男: えっと、オレンジジュースは130円ですか。
女: はい、そうです。
男: じゃあ、それも1つお願いします。
女: はい。

男の人は何をいくつ頼みましたか。

[문제지]

해석 햄버거 가게에서 가게 사람과 남자가 이야기를 하고 있습니다. 남자는 무엇을 몇 개 주문했습니까?

여: 주문은 결정되었습니까?
남: 네. 햄버거를 2개 주세요.
여: 음료는 어떻습니까?
남: 음, 오렌지 주스는 130엔입니까?
여: 네, 그렇습니다.
남: 그럼, 그것도 한 개 부탁드립니다.
여: 네.

남자는 무엇을 몇 개 주문했습니까?

해설 남자가 ハンバーガーを2つください(햄버거를 2개 주세요)라고 하고, 여자가 음료는 어떻냐고 하자, 남자가 オレンジジュースは130円ですか(오렌지 주스는 130엔입니까)라고 물어봐서 여자가 그렇다고 하니, 남자가 じゃあ、それも1つお願いします(그럼, 그것도 한 개 부탁드립니다)라고 했으므로, 햄버거 2개와 주스 1개로 구성된 그림인 3이 정답이다.

어휘 ハンバーガー屋 ハンバーガーや 圆 햄버거 가게   店 みせ 圆 가게
人 ひと 圆 사람   何 なに 圆 무엇   いくつ 圆 몇 개
頼む たのむ 圆 주문하다   注文 ちゅうもん 圆 주문
決まる きまる 圄 결정되다   ハンバーガー 圆 햄버거
2つ ふたつ 圆 두 개   飲み物 のみもの 圆 음료
オレンジジュース 圆 오렌지 주스   ~円 ~えん ~엔   それ 圆 그것
1つ ひとつ 圆 한 개   お願い おねがい 圆 부탁

TIP 질문이 いくつ(몇 개)일 경우, 수량과 관련된 단어 1つ(한 개), 2つ(두 개) 등을 주의 깊게 듣는다.

2 난이도 상

[음성]

学校で先生が話しています。学生は始めに何をしますか。

男: 今日は運動会です。長時間、地面に座るのは大変ですから、教室の椅子を運動場に持っていきます。そのあと、真ん中に集まって並んで先生の話を聞きます。話の後は準備運動をして、運動会の始まりです。最初はダンスです。みなさん頑張ってください。

学生は始めに何をしますか。

[문제지]

해석 학교에서 선생님이 이야기하고 있습니다. 학생은 우선 무엇을 합니까?

남: 오늘은 운동회입니다. 장시간, 땅바닥에 앉는 것은 힘들기 때문에, 교실의 의자를 운동장에 가지고 갑니다. 그 후, 중앙에 모이고 줄 서서 선생님의 이야기를 듣습니다. 이야기 후는 준비 운동을 하고, 운동회 시작입니다. 처음은 댄스입니다. 여러분 열심히 해주세요.

학생은 우선 무엇을 합니까?

해설 선생님이 맨 처음에 教室の椅子を運動場に持っていきます(교실의 의자를 운동장에 가지고 갑니다)라고 했으므로, 의자를 옮기는 모습의 그림인 1이 정답이다. 2는 의자를 운동장에 가지고 간 후 줄을 선다고 했고, 3과 4는 줄 서서 선생님의 이야기를 들은 다음에 할 일이므로 오답이다.

어휘 学校 がっこう 圆 학교   先生 せんせい 圆 선생님
学生 がくせい 圆 학생   始めに はじめに 囝 우선   何 なに 圆 무엇
する 圄 하다   今日 きょう 圆 오늘   運動会 うんどうかい 圆 운동회
長時間 ちょうじかん 圆 장시간   地面 じめん 圆 땅바닥, 지면
座る すわる 圄 앉다   大変だ たいへんだ 圍 힘들다
~から 조 ~때문에   教室 きょうしつ 圆 교실   椅子 いす 圆 의자
運動場 うんどうじょう 圆 운동장   持つ もつ 圄 가지다
~ていく ~하고 가다   そのあと 圆 그 후   真ん中 まんなか 圆 중앙
集まる あつまる 圄 모이다   並ぶ ならぶ 圄 줄 서다
話 はなし 圆 이야기   聞く きく 圄 듣다   後 あと 圆 후
準備 じゅんび 圆 준비   運動 うんどう 圆 운동   始まり はじまり 圆 시작
最初 さいしょ 圆 처음   ダンス 圆 댄스   みなさん 圆 여러분
頑張る がんばる 圄 열심히 하다   ~てください ~해 주세요

3 난이도 중

[음성]

会社で女の人と男の人が話しています。男の人はいつから休みますか。

女: 野田さん、7月は休みを取りますか。
男: はい。7日から10日まで4日間休みます。
女: 長いですね。どこに行く予定ですか。
男: 沖縄です。家族で行ってきます。
女: いいですね。楽しんでください。

男: はい。山本さんはいつ休みますか。
女: 私は8月に休むつもりです。

男の人はいつから休みますか。

[문제지]

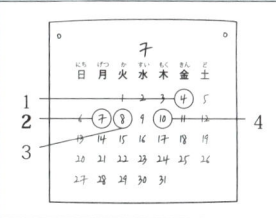

해석 회사에서 여자와 남자가 이야기하고 있습니다. 남자는 언제부터 쉽니까?

여: 노다 씨, 7월은 휴가를 갑니까?
남: 네, 7일부터 10일까지 4일간 쉽니다.
여: 길군요. 어디로 갈 예정입니까?
남: 오키나와입니다. 가족과 함께 갔다 옵니다.
여: 좋네요. 즐겨 주세요.
남: 네, 야마모토 씨는 언제 쉽니까?
여: 저는 8월에 쉴 생각입니다.

남자는 언제부터 쉽니까?

해설 여자가 7월에 휴가를 가는지 묻자, 남자가 はい。7日から10日まで4日間休みます(네, 7일부터 10일까지 4일간 쉽니다)라고 했으므로, 7월 7일을 표시한 2가 정답이다. 1은 휴가 기간이 4일이라고 했고, 3은 언급되지 않았으며, 4는 휴가가 끝나는 날이므로 오답이다.

어휘 会社 かいしゃ 📗회사   いつ 📘언제   ~から 📙~부터
休む やすむ 📕쉬다   7月 しちがつ 📗7월
休みを取る やすみをとる 휴가를 가다   ~日 ~か ~일
~まで 📙~까지   ~日間 ~かかん ~일간   長い ながい 📘길다
どこ 📗어디   行く いく 📕가다   予定 よてい 📗예정
沖縄 おきなわ 📗오키나와   家族で かぞくで 가족과 함께
楽しむ たのしむ 📕즐기다   ~てください ~해 주세요
私 わたし 📗저, 나   8月 はちがつ 📗8월
~つもりだ ~할 생각이다

4   난이도 중상

[음성]

会社の中で男の人と女の人が電話で話しています。女の人は何を持っていきますか。

男: もしもし、平井です。今、時間がありますか。
女: はい。どうしましたか。
男: 私の机の上に紙の袋があります。その中に書類が入っています。すみませんが、それを会議室まで持ってきてください。

女: 分かりました。えっと、袋の中にペンとメモもありますが、これはいりませんか。
男: はい、書類だけでいいです。袋も置いておいてください。もうすぐ会議が始まるので、すぐにお願いします。
女: はい。

女の人は何を持っていきますか。

[문제지]

1 ふくろ
2 しょるい
3 ペン
4 メモ

해석 회사 안에서 남자와 여자가 전화로 이야기하고 있습니다. 여자는 무엇을 가지고 갑니까?

남: 여보세요, 히라이입니다. 지금, 시간이 있습니까?
여: 네. 무슨 일입니까?
남: 제 책상 위에 종이 봉투가 있습니다. 그 안에 서류가 들어 있습니다. 죄송합니다만, 그것을 회의실까지 가지고 와 주세요.
여: 알겠습니다. 음, 봉투 안에 펜과 메모도 있습니다만, 이것은 필요 없습니까?
남: 네, 서류만으로 괜찮습니다. 봉투도 놔둬 주세요. 이제 곧 회의가 시작되므로, 즉시 부탁드립니다.
여: 네.

여자는 무엇을 가지고 갑니까?

1 봉투
2 서류
3 펜
4 메모

해설 남자가 その中に書類が入っています。すみませんが、それを会議室まで持ってきてください(그 안에 서류가 들어 있습니다. 죄송합니다만, 그것을 회의실까지 가지고 와 주세요)라고 해서, 여자가 봉투 안에 펜과 메모도 있는데 이것은 필요 없냐고 묻자, 남자가 はい、書類だけでいいです(네, 서류만으로 괜찮습니다)라고 했으므로, 2 しょるい(서류)가 정답이다. 1은 놔두라고 했고, 3과 4는 필요 없다고 언급했으므로 오답이다.

어휘 会社 かいしゃ 📗회사   中 なか 📗안   電話 でんわ 📗전화
何 なに 📗무엇   持つ もつ 📕가지다   ~ていく ~하고 가다
もしもし 📘여보세요   今 いま 📗지금   時間 じかん 📗시간
ある 📕있다   私 わたし 📗저, 나   机 つくえ 📗책상   上 うえ 📗위
紙 かみ 📗종이   袋 ふくろ 📗봉투   その 그   書類 しょるい 📗서류
入る はいる 📕들다   それ 📗그것   会議室 かいぎしつ 📗회의실
~まで 📙~까지   ~てくる ~하고 오다   ~てください ~해 주세요
分かる わかる 📕알다   ペン 📗펜   メモ 📗메모   これ 📗이것
いる 📕필요하다   ~だけ 📙~만   置く おく 📕놓다
~ておく ~해 두다   もうすぐ 📘곧   会議 かいぎ 📗회의
始まる はじまる 📕시작되다   ~ので 📙~므로   すぐに 📘즉시
お願い おねがい 📗부탁

5 난이도 상

[음성]
玄関で男の人と女の人が話しています。男の人はスリッパをどう並べますか。

男：今夜はお客さんが5人来るんだよね？
女：そうだよ。子供が2人と大人が3人。みんなが来る前に、玄関にスリッパを出しておこう。
男：うん。大人用の大きいスリッパを奥にしたらいいかな。
女：そうだね。子供は近いほうが履きやすいだろうから。じゃあ、並べておいて。
男：分かった。

男の人はスリッパをどう並べますか。

[문제지]

1	2
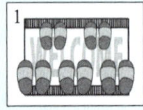	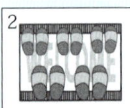
3	4
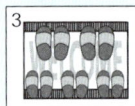	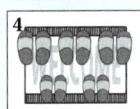

해석 현관에서 남자와 여자가 이야기하고 있습니다. 남자는 슬리퍼를 어떻게 늘어놓습니까?

남: 오늘 밤은 손님이 5명 오는 거지?
여: 맞아. 아이가 2명과 어른이 3명. 모두가 오기 전에, 현관에 슬리퍼를 꺼내 놓자.
남: 응. 어른용 큰 슬리퍼를 안쪽으로 하면 좋을까?
여: 그렇지. 아이는 가까운 쪽이 신기 쉬울 테니까. 그럼, 늘어놓아 줘.
남: 알았어.

남자는 슬리퍼를 어떻게 늘어놓습니까?

해설 여자가 子供が2人と大人が3人(아이가 2명과 어른이 3명)이라고 하며 슬리퍼를 꺼내 놓자고 해서, 남자가 大人用の大きいスリッパを奥にしたらいいかな(어른용 큰 슬리퍼를 안쪽으로 하면 좋을까)라고 하자, 여자가 そうだね(그렇지)라고 했으므로, 안쪽에 큰 슬리퍼 3개, 바깥쪽에 작은 슬리퍼 2개 그림인 4가 정답이다.

어휘 玄関 げんかん 몡 현관　スリッパ 몡 슬리퍼　どう 튀 어떻게
並べる ならべる 툉 늘어놓다　今夜 こんや 몡 오늘 밤
お客さん おきゃくさん 몡 손님　~人 ~にん ~명　来る くる 툉 오다
子供 こども 몡 아이　大人 おとな 몡 어른　みんな 몡 모두
~前に ~まえに ~전에　出す だす 툉 꺼내다　~ておく ~해 놓다
~用 ~よう ~용　大きい おおきい い형 크다　奥 おく 몡 안쪽
~にする ~로 하다　いい い형 좋다　近い ちかい い형 가깝다
~ほう ~쪽　履く はく 툉 신다　~やすい ~하기 쉽다
~だろう ~일 테니　~から 조 ~니까　分かる わかる 툉 알다

6 난이도 상

[음성]
店で女の人と男の人が話しています。男の人はどんなカレンダーを買いますか。

女：来年のカレンダーがたくさんあります。このカレンダーは石原君が好きな車の写真ですよ。
男：かっこいいですね。でも、この犬の写真のカレンダーがいいです。
女：そうですか。机に置くものと壁にかけるものがありますよ。
男：会社で使いたいので、置くのにします。
女：はい、レジに行きましょう。

男の人はどんなカレンダーを買いますか。

[문제지]

1	2
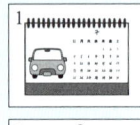	
3	4

해석 가게에서 여자와 남자가 이야기하고 있습니다. 남자는 어떤 달력을 삽니까?

여: 내년 달력이 많이 있어요. 이 달력은 이시하라 군이 좋아하는 차의 사진이에요.
남: 멋있네요. 하지만, 이 개 사진의 달력이 좋아요.
여: 그래요? 책상에 두는 것과 벽에 거는 것이 있어요.
남: 회사에서 사용하고 싶으니까, 두는 것으로 할게요.
여: 네, 계산대로 갑시다.

남자는 어떤 달력을 삽니까?

해설 남자가 この犬の写真のカレンダーがいいです(이 개 사진의 달력이 좋아요)라고 하자, 여자가 벽에 거는 것과 두는 것이 있다고 하니, 남자가 置くのにします(두는 것으로 할게요)라고 했으므로, 개 사진이 실려 있는 탁상 달력 그림인 2가 정답이다. 1과 3은 개 사진이 있는 것이 좋다고 했고, 4는 책상에 두는 것이 좋다고 언급했으므로 오답이다.

어휘 店 みせ 몡 가게　どんな 어떤　カレンダー 몡 달력
買う かう 툉 사다　来年 らいねん 몡 내년　たくさん 튀 많이
ある 툉 있다　この 이　~君 ~くん ~군
好きだ すきだ な형 좋아하다　車 くるま 몡 자동차
写真 しゃしん 몡 사진　かっこいい い형 멋있다　でも 접 하지만
犬 いぬ 몡 개　いい い형 좋다　机 つくえ 몡 책상　置く おく 툉 두다
もの 몡 것　壁 かべ 몡 벽　かける 툉 걸다　会社 かいしゃ 몡 회사
使う つかう 툉 사용하다　~たい ~하고 싶다　~ので 조 ~니까
~にする ~로 하다　レジ 몡 계산대　行く いく 툉 가다
~ましょう ~합시다

7 난이도 중상

[음성]
バスの中で旅行会社の人が客に話しています。客は12時にどこに集まりますか。

女: もうすぐ太陽動物園に着きます。チケットは私が持っていますから、入口は全員で一緒に入ります。そして、入口の前で写真を撮りましょう。そのあとは、動物園を自由に回ってください。2時間後の12時には出口の外にある駐車場に集まってください。バスに乗って、食堂に向かいます。

客は12時にどこに集まりますか。

[문제지]
1 いりぐち
2 でぐち
3 ちゅうしゃじょう
4 しょくどう

해석 버스 안에서 여행사 사람이 손님에게 이야기하고 있습니다. 손님은 12시에 어디로 모입니까?

여: 이제 곧 태양 동물원에 도착합니다. 티켓은 제가 가지고 있기 때문에, 입구는 전원이 함께 들어갑니다. 그리고, 입구 앞에서 사진을 찍읍시다. 그 후에는, 동물원을 자유롭게 돌아 주세요. 2시간 후인 12시에는 출구 밖에 있는 주차장에 모여 주세요. 버스를 타고, 식당으로 향하겠습니다.

손님은 12시에 어디로 모입니까?

1 입구
2 출구
3 주차장
4 식당

해설 여자가 2時間後の12時には出口の外にある駐車場に集まってください(2시간 후인 12시에는 출구 밖에 있는 주차장에 모여 주세요)라고 했으므로, 3 ちゅうしゃじょう(주차장)가 정답이다. 1은 동물원에 도착해서 함께 들어간다고 했고, 2는 출구 밖의 주차장이라고 했으며, 4는 12시에 주차장에 모인 후에 가는 곳이므로 오답이다.

어휘 バス 몡 버스　中 なか 몡 안　旅行会社 りょこうがいしゃ 몡 여행사　人 ひと 몡 사람　客 きゃく 몡 손님　~時 ~じ ~시　どこ 어디　集まる あつまる 동 모이다　もうすぐ 囝 이제 곧　動物園 どうぶつえん 몡 동물원　着く つく 동 도착하다　チケット 몡 티켓　私 わたし 몡 저, 나　持つ もつ 동 가지다　~から 조 ~때문에　入口 いりぐち 몡 입구　全員 ぜんいん 몡 전원　一緒に いっしょに 囝 함께　入る はいる 동 들어가다　そして 접 그리고　前 まえ 몡 앞　写真 しゃしん 몡 사진　撮る とる 동 찍다　~ましょう ~합시다　そのあと 그 후　自由だ じゆうだ な형 자유롭다　回る まわる 동 돌다　時間 じかん 몡 시간　~後 ~ご ~후　出口 でぐち 몡 출구　外 そと 몡 밖　ある 동 있다　駐車場 ちゅうしゃじょう 몡 주차장　~てください ~해 주세요　乗る のる 동 타다　食堂 しょくどう 몡 식당　向かう むかう 동 향하다

☞ 문제 2에서는, 먼저 질문을 들어주세요. 그리고 이야기를 듣고, 문제 용지의 1부터 4 중에서, 가장 알맞은 것을 하나 골라주세요. 디렉션과 예제는 제1회 실전모의고사의 해설(p.18)에서 확인할 수 있습니다.

1 난이도 중상

[음성]
男の人と女の人が話しています。男の人の今の趣味は何ですか。

男: 趣味はありますか。
女: 私は絵を描くことが趣味です。近藤さんはどうですか。
男: うーん、前はゲームをしたり、本を読んだりするのが趣味でしたが、最近は時間がなくてあまりしていません。
女: 野球のサークルに入っていますよね。野球は趣味じゃないですか。
男: あ、そうですね。それが今の趣味です。

男の人の今の趣味は何ですか。

[문제지]

해석 남자와 여자가 이야기하고 있습니다. 남자의 지금 취미는 무엇입니까?

남: 취미는 있나요?
여: 저는 그림을 그리는 것이 취미예요. 곤도 씨는 어때요?
남: 음, 전에는 게임을 하거나, 책을 읽거나 하는 것이 취미였지만, 최근에는 시간이 없어서 별로 하고 있지 않아요.
여: 야구 동아리에 들어가 있죠? 야구는 취미가 아닌가요?
남: 아, 그렇네요. 그것이 지금의 취미예요.

남자의 지금 취미는 무엇입니까?

해설 여자가 野球のサークルに入っていますよね。野球は趣味じゃないですか(야구 동아리에 들어가 있죠? 야구는 취미가 아닌가요)라고 하자, 남자가 あ、そうですね。それが今の趣味です(아, 그렇네요. 그것이 지금의 취미예요)라고 언급했으므로, 야구하

는 그림인 4가 정답이다. 1은 여자의 취미이고, 2와 3은 남자가 이전에 하던 취미라고 했으므로 오답이다.

어휘 今 いま 명 지금　趣味 しゅみ 명 취미　何 なに 명 무엇　ある 동 있다
私 わたし 명 저, 나　絵 え 명 그림　描く かく 동 그리다　こと 명 것
前 まえ 명 전　ゲーム 명 게임　する 동 하다　本 ほん 명 책
読む よむ 동 읽다　~たり~たりする ~하거나 ~하거나 하다
最近 さいきん 명 최근　時間 じかん 명 시간　ない い형 없다
あまり 별로　野球 やきゅう 명 야구　サークル 명 동아리
入る はいる 동 들어가다　それ 명 그것

授業 じゅぎょう 명 수업　何 なに 명 무엇　紹介 しょうかい 명 소개
今日 きょう 명 오늘　私 わたし 명 저, 나　みなさん 명 여러분
日本 にほん 명 일본　有名だ ゆうめいだ な형 유명하다
映画 えいが 명 영화　来週 らいしゅう 명 다음 주　国 くに 명 고국
~てください ~해 주세요　簡単だ かんたんだ な형 간단하다
いい い형 좋다　この この　クラス 명 반　アニメ 명 애니메이션
興味 きょうみ 명 흥미　ある 동 있다　人 ひと 명 사람
多い おおい い형 많다　思う おもう 동 생각하다
分かる わかる 동 알다　家族 かぞく 명 가족　聞く きく 동 묻다
~てみる ~해 보다

2 난이도 중상

[음성]
日本語学校で先生が話しています。学生は授業で何を紹介しますか。

男: 今日は私がみなさんに日本の有名な映画を紹介しました。来週はみなさんが国の映画を授業で紹介してください。簡単でいいです。このクラスのみなさんは日本のアニメに興味がある人が多いと思います。何を紹介していいか分からない人は国の家族に聞いてみてください。

学生は授業で何を紹介しますか。

[문제지]
1 にほんの　えいが
2 くにの　えいが
3 にほんの　アニメ
4 くにの　アニメ

해석 일본어 학교에서 선생님이 이야기하고 있습니다. **학생**은 수업에서 **무엇**을 소개합니까?

남: 오늘은 제가 여러분께 일본의 유명한 영화를 소개했습니다. 다음 주에는 **여러분이 고국의 영화를 수업에서 소개해 주세요**. 간단해도 좋습니다. 이 반의 여러분은 일본 애니메이션에 흥미가 있는 사람이 많다고 생각합니다. 무엇을 소개해야 좋을지 모르겠는 사람은 고국의 가족에게 물어봐 주세요.

학생은 수업에서 **무엇**을 소개합니까?

1 일본의 영화
2 고국의 영화
3 일본의 애니메이션
4 고국의 애니메이션

해설 선생님이 みなさんが国の映画を授業で紹介してください(여러분이 고국의 영화를 수업에서 소개해 주세요)라고 언급했으므로, 2 くにのえいが(고국의 영화)가 정답이다. 1은 선생님이 소개한 것이고, 3은 흥미가 있을 거라고 선생님이 추측한 것이며, 4는 언급하지 않았으므로 오답이다.

어휘 日本語学校 にほんごがっこう 명 일본어 학교
先生 せんせい 명 선생(님)　学生 がくせい 명 학생

3 난이도 중상

[음성]
学校で女の留学生と男の留学生が話しています。男の留学生が毎日していることは何ですか。

女: リュウさん、さっきバスに乗っているのを見ました。
男: ああ、今日は時間がなくてバスで来ました。いつもは自転車ですが。
女: そうですか。私も今朝寝坊して、朝ご飯も食べられませんでした。
男: え、僕は寝坊しても毎朝必ず食べますよ。
女: 偉いですね。私が毎日するのは母との電話です。
男: お母さんと仲がいいですね。
女: はい。そして、寝る前に日記を書いています。

男の留学生が毎日していることは何ですか。

[문제지]

해석 학교에서 여자 유학생과 남자 유학생이 이야기하고 있습니다. **남자 유학생**이 **매일 하는 일**은 무엇입니까?

여: 류 씨, 아까 버스를 타고 있는 것을 봤어요.
남: 아, 오늘은 시간이 없어서 버스로 왔어요. 평소에는 자전거이지만요.
여: 그래요? 저도 오늘 아침에 늦잠을 자서, 아침밥도 먹지 못했어요.
남: 엇, **저는 늦잠을 자도 매일 아침 반드시 먹어요**.
여: 훌륭하군요. 제가 매일 하는 것은 어머니와의 전화예요.
남: 어머니와 사이가 좋군요.
여: 네. 그리고, 자기 전에 일기를 쓰고 있어요.

남자 유학생이 **매일 하는 일**은 무엇입니까?

해설 여자가 오늘 아침에 늦잠 자서 아침밥을 못 먹었다고 하자, 남자가 僕は寝坊しても毎朝必ず食べますよ(저는 늦잠을 자도 매일 아침 반드시 먹어요)라고 언급했으므로, 아침을 먹고 있는 그림인 2가 정답이다. 1은 남자가 평소에 하는 것이지만 매일 아침 하는 것은 아니고, 3은 여자가 매일 아침 하는 것이며, 4는 여자가 매일 자기 전에 하는 것이므로 오답이다.

어휘 学校 がっこう 명 학교   留学生 りゅうがくせい 명 유학생
毎日 まいにち 명 매일   する 동 하다   こと 명 것   何 なん 명 무엇
さっき 부 아까   バス 명 버스   乗る のる 동 타다   見る みる 동 보다
今日 きょう 명 오늘   時間 じかん 명 시간   ない い형 없다
来る くる 동 오다   いつも 명 평소   自転車 じてんしゃ 명 자전거
私 わたし 명 저, 나   今朝 けさ 명 오늘 아침
寝坊 ねぼう 명 늦잠을 잠   朝ご飯 あさごはん 명 아침밥
食べる たべる 동 먹다   僕 ぼく 명 저, 나   ~ても ~해도
必ず かならず 부 반드시   偉い えらい い형 훌륭하다
母 はは 명 어머니   電話 でんわ 명 전화
お母さん おかあさん 명 어머니   仲 なか 명 사이   いい い형 좋다
そして 접 그리고   寝る ねる 동 자다   ~前に ~まえに ~전에
日記 にっき 명 일기   書く かく 동 쓰다

TIP 매일 하는 것을 묻는 문제에서는 毎日(매일), 毎朝(매일 아침)와 같이 毎〜(매〜)를 사용한 표현과 함께 언급되는 행동을 주의 깊게 듣는다.

4 난이도 상

[음성]
女の人と男の人が話しています。男の人の妹はどれですか。
女：森さん、これは誰の写真ですか。
男：妹の写真です。髪が長いのが妹で、他は妹の友達です。
女：眼鏡をかけている人ですか。
男：いいえ、眼鏡はかけていません。
女：あ、この人ですね。森さんにちょっと似ています。
男の人の妹はどれですか。

[문제지]

해석 여자와 남자가 이야기하고 있습니다. 남자의 여동생은 어느 쪽입니까?
여: 모리 씨, 이것은 누구의 사진이에요?
남: 여동생의 사진이에요. 머리가 긴 것이 여동생이고, 다른 사람은 여동생의 친구예요.

여: 안경을 쓰고 있는 사람인가요?
남: 아니요, 안경은 쓰고 있지 않아요.
여: 아, 이 사람이군요. 모리 씨와 조금 닮았어요.
남자의 여동생은 어느 쪽입니까?

해설 남자가 髪が長いのが妹で(머리가 긴 것이 여동생이고)라고 하고, 여자가 안경을 썼냐고 묻자, 남자가 いいえ、眼鏡はかけていません(아니요, 안경은 쓰고 있지 않아요)이라고 언급했으므로, 머리가 길고 안경을 쓰지 않은 사람을 표시한 2가 정답이다. 1은 안경을 쓰지 않았다고 했고, 3과 4는 머리가 길다고 했으므로 오답이다.

어휘 妹 いもうと 명 여동생   どれ 명 어느 쪽   これ 명 이것
誰 だれ 명 누구   写真 しゃしん 명 사진   髪 かみ 명 머리
長い ながい い형 길다   他 ほか 명 다른 사람   友達 ともだち 명 친구
眼鏡 めがね 명 안경   かける 동 쓰다   人 ひと 명 사람   この 이
ちょっと 부 조금   似る にる 동 닮다

5 난이도 중상

[음성]
学校で男の学生と女の学生が話しています。二人は今日一緒に何をしますか。
男：今からカフェに行きませんか。
女：このあと授業があります。また今度でもいいですか。
男：待っていますから、今日行きましょう。話したいことがあります。
女：わかりました。私が授業を受けている間に何かすることがありますか。
男：教授にも用事がありますし、新しい授業の教科書も買いに行きます。
女：そうですか。では、またあとで。
男：はい。
二人は今日一緒に何をしますか。

[문제지]

해석 학교에서 남학생과 여학생이 이야기하고 있습니다. 두 사람은 오늘 함께 무엇을 합니까?
남: 지금부터 카페에 가지 않을래요?
여: 이후 수업이 있어요. 다음이라도 괜찮아요?
남: 기다리고 있을 테니, 오늘 가요. 이야기하고 싶은 것이 있어요.
여: 알겠어요. 제가 수업을 듣는 동안에 뭔가 할 일이 있나요?
남: 교수님에게도 용건이 있고, 새로운 수업의 교과서도 사러 가요.

여: 그래요? 그럼, 이따가 봐요.
남: 네.
두 사람은 오늘 함께 **무엇**을 합니까?

해설 남학생이 今からカフェに行きませんか(지금부터 카페에 가지 않을래요)라고 했는데, 여학생이 수업이 있어서 안 된다고 하자, 남학생이 待っていますから、今日行きましょう(기다리고 있을 테니, 오늘 가요)라고 하니, 여학생이 わかりました(알겠어요)라고 언급했으므로, 두 사람이 함께 카페에 있는 그림인 1이 정답이다. 2는 여학생이 하는 일이고, 3과 4는 남학생이 하는 일이므로 오답이다.

어휘 学校 がっこう 명 학교   学生 がくせい 명 학생   二人 ふたり 명 두 사람
今日 きょう 명 오늘   一緒に いっしょに 팀 함께   何 なに 명 무엇
する 동 하다   今 いま 명 지금   ～から 조 ~부터   カフェ 명 카페
行く いく 동 가다   このあと 이후   授業 じゅぎょう 명 수업
ある 동 있다   また今度 またこんど 다음   ～でも 조 ~이라도
いい い형 괜찮다, 좋다   待つ まつ 동 기다리다   ～から 조 ~할 테니
~たい ~하고 싶다   こと 명 것   私 わたし 명 저, 나
受ける うける 동 (수업을) 듣다   ～間に ～あいだに ~동안에
~か 조 ~인가   教授 きょうじゅ 명 교수(님)   用事 ようじ 명 용건
~し 조 ~하고   新しい あたらしい い형 새롭다
教科書 きょうかしょ 명 교과서   買う かう 동 사다
~に行く ~にいく ~하러 가다   では 접 그럼
またあとで 이따가 봐요

6 난이도 중상

[음성]
教室で先生が話しています。宿題は何課の問題ですか。
男: 今日は26課を勉強しました。宿題は今日学んだ課の文章問題です。明日、20日の授業で提出してください。それから、授業の最初に、24課から26課までの単語テストをします。24、25課は先週勉強したところです。忘れている単語も多いでしょうから、しっかり勉強してきてください。

宿題は何課の問題ですか。

[문제지]
1 20か
2 24か
3 25か
4 26か

해설 교실에서 선생님이 이야기하고 있습니다. **숙제는 몇 과의 문제입니까?**

남: 오늘은 26과를 공부했습니다. 숙제는 오늘 배운 과의 문장 문제입니다. 내일, 20일 수업에서 제출해 주세요. 그리고, 수업 처음에, 24과에서 26과까지의 단어 테스트를 합니다. 24, 25과는 지난주에 공부한 곳입니다. 잊고 있는 단어도 많을 테니까, 확실히 공부해서 와 주세요.

숙제는 몇 과의 문제입니까?
1 20과
2 24과
3 25과
4 26과

해설 선생님이 今日は26課を勉強しました。宿題は今日学んだ課の文章問題です(오늘은 26과를 공부했습니다. 숙제는 오늘 배운 과의 문장 문제입니다)라고 언급했으므로, 4 26か(26과)가 정답이다. 1은 이 숙제를 20일 수업 때 제출하라고 한 것이고, 2와 3은 지난주에 공부했던 곳이므로 오답이다.

어휘 教室 きょうしつ 명 교실   先生 せんせい 명 선생(님)
宿題 しゅくだい 명 숙제   何～ なん～ 몇~   ～課 ～か ~과
問題 もんだい 명 문제   今日 きょう 명 오늘   勉強 べんきょう 명 공부
学ぶ まなぶ 동 배우다   文章 ぶんしょう 명 문장   明日 あす 명 내일
~日 ～か ~일   授業 じゅぎょう 명 수업   提出 ていしゅつ 명 제출
~てください ~해 주세요   それから 접 그리고
最初 さいしょ 명 처음   ～から 조 ~에서   ～まで 조 ~까지
単語 たんご 명 단어   テスト 명 테스트   する 동 하다
先週 せんしゅう 명 지난주   ところ 명 곳   忘れる わすれる 동 잊다
多い おおい い형 많다   ～から 조 ~할 테니까   しっかり 팀 확실히
~てくる ~해 오다

☞ 문제 3에서는, 그림을 보면서 질문을 들어주세요. ➡(화살표)의 사람은 뭐라고 말합니까? 1부터 3 중에서, 가장 알맞은 것을 하나 골라주세요. 디렉션과 예제는 제1회 실전모의고사의 해설 (p.22)에서 확인할 수 있습니다.

1 난이도 중

[문제지]

[음성]
学校を出て、友達と別れます。何と言いますか。
男: 1 こちらこそ。
    2 また明日。
    3 こんばんは。

해설 **학교를 나와, 친구와 헤어집니다.** 뭐라고 말합니까?
남: 1 저야말로.
    2 내일 또 봐.
    3 안녕하세요.

해설 학교를 나와, 친구와 헤어질 때의 인사말을 고르는 문제이다.
1 (X) こちらこそ(저야말로)는 누군가의 인사에 대한 답례의 말이므로 오답이다.
2 (O) また明日(내일 또 봐)는 친구와 헤어질 때의 인사말이므로 정답이다.
3 (X) こんばんは(안녕하세요)는 저녁에 누군가를 만났을 때의 인사말이므로 오답이다.

어휘 学校 がっこう 명 학교　出る でる 동 나오다　友達 ともだち 명 친구
別れる わかれる 동 헤어지다　こちらこそ 저야말로
また明日 またあした 내일 또 봐　こんばんは 안녕하세요 (저녁 인사)

2 난이도 중상

[문제지]

[음성]
店に来ました。店の前に人が並んでいます。店の人に何と言いますか。

男：1 どのくらい待ちますか。
　　2 どちらも待ちました。
　　3 どれを待ちましたか。

해석 가게에 왔습니다. **가게 앞에 사람이 줄 서 있습니다.** 가게 사람에게 뭐라고 말합니까?

남: 1 어느 정도 기다립니까?
　　2 어느 쪽도 다 기다렸어요.
　　3 어느 것을 기다렸습니까?

해설 가게 앞에 사람이 많아 기다려야 하는 시간을 묻는 말을 고르는 문제이다.
1 (O) どのくらい待ちますか(어느 정도 기다립니까)는 대기 시간을 물어보는 말이므로 정답이다.
2 (X) どちらも待ちました(어느 쪽도 다 기다렸어요)는 앞으로 기다려야 하는 상황에 맞지 않는 말이므로 오답이다.
3 (X) どれを待ちましたか(어느 것을 기다렸습니까)는 무엇을 기다렸는지 묻는 말이므로 오답이다.

어휘 店 みせ 명 가게　来る くる 동 오다　前 まえ 명 앞　人 ひと 명 사람
並ぶ ならぶ 동 줄 서다　〜ている 〜하고 있다
どのくらい 부 어느 정도　待つ まつ 동 기다리다　どちら 명 어느 쪽
どれ 명 어느 것

3 난이도 중상

[문제지]

[음성]
雪が降っています。家を出る息子が上着を着ていません。何と言いますか。

女：1 外は寒いよ。
　　2 雪が降るよ。
　　3 上着を着たよ。

해석 눈이 내리고 있습니다. 집을 나가는 아들이 겉옷을 입고 있지 않습니다. 뭐라고 말합니까?

여: 1 밖은 추워.
　　2 눈이 올 거야.
　　3 겉옷을 입었어.

해설 눈이 내리고 있는 상황에서 겉옷을 입지 않고 나가는 아들에게 하는 말을 고르는 문제이다.
1 (O) 外は寒いよ(밖은 추워)는 겉옷을 입으라는 권고의 말이므로 정답이다.
2 (X) 雪が降るよ(눈이 올 거야)는 눈이 이미 내리고 있는 상황에 맞지 않는 말이므로 오답이다.
3 (X) 上着を着たよ(겉옷을 입었어)는 아들이 겉옷을 입지 않은 상황이므로 오답이다.

어휘 雪 ゆき 명 눈　降る ふる 동 내리다　〜ている 〜하고 있다
家 いえ 명 집　出る でる 동 나가다　息子 むすこ 명 아들
上着 うわぎ 명 겉옷　着る きる 동 입다　外 そと 명 밖
寒い さむい い형 춥다

4 난이도 상

[문제지]

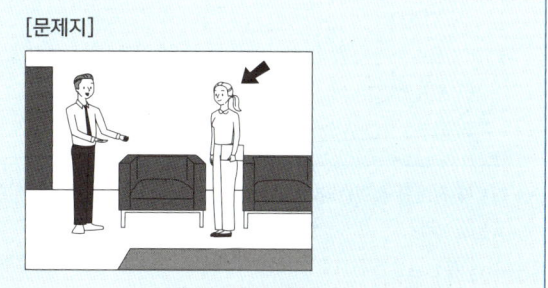

[음성]
初めて会いました。名前が知りたいです。何と言いますか。

女：1 名前はいりますか。
　　2 名前は何ですか。
　　3 名前を知っていますか。

해석 처음 만났습니다. 이름을 알고 싶습니다. 뭐라고 말합니까?
여: 1 이름은 필요합니까?
　　2 이름은 무엇입니까?
　　3 이름을 알고 있습니까?

해설 처음 만난 사람의 이름을 알고 싶을 때 무엇인지 물어보는 말을 고르는 문제이다.
1 (X) 名前はいりますか(이름은 필요합니까)는 이름이 필요한지 묻는 말이므로 오답이다.
2 (O) 名前は何ですか(이름은 무엇입니까)는 상대방의 이름을 물어보는 정중한 말이므로 정답이다.
3 (X) 名前を知っていますか(이름을 알고 있습니까)는 이름을 알고 있냐고 묻는 말이므로 오답이다.

어휘 初めて はじめて 🕮 처음으로　会う あう 🕮 만나다
　　名前 なまえ 🕮 이름　知る しる 🕮 알다　〜たい 〜하고 싶다
　　いる 🕮 필요하다　〜ている 〜하고 있다

5 난이도 중상

[문제지]

[음성]
会社に電話をかけました。部長と話したいです。何と言いますか。

男：1 部長を呼びますか。
　　2 部長が話したいそうです。
　　3 部長に代わってください。

해석 회사에 전화를 걸었습니다. 부장님과 이야기하고 싶습니다. 뭐라고 말합니까?
남: 1 부장님을 부를까요?
　　2 부장님이 이야기하고 싶다고 합니다.
　　3 부장님을 바꿔 주세요.

해설 회사에 전화를 걸어 부장님과 통화하고 싶을 때 요청하는 말을 고르는 문제이다.
1 (X) 部長を呼びますか(부장님을 부를까요)는 전화를 받은 상대가 할 수 있는 말이므로 오답이다.
2 (X) 部長が話したいそうです(부장님이 이야기하고 싶다고 합니다)는 부장님이 이야기하고 싶다고 전하는 말이므로 오답이다.
3 (O) 部長に代わってください(부장님을 바꿔 주세요)는 부장님과 통화하고 싶다는 의도를 명확히 전달하는 말이므로 정답이다.

어휘 会社 かいしゃ 🕮 회사　電話 でんわ 🕮 전화　かける 🕮 걸다
　　部長 ぶちょう 🕮 부장(님)　話す はなす 🕮 이야기하다
　　〜たい 〜하고 싶다　呼ぶ よぶ 🕮 부르다　代わる かわる 🕮 바꾸다
　　〜てください 〜해 주세요

TIP 〜たい(〜하고 싶다)와 같은 어떤 행동을 하고 싶다는 표현이 나오면 상대방에게 양해를 구하거나, 부탁하는 내용을 정답으로 고른다.

☞ 문제 4는, 그림 등이 없습니다. 문장을 듣고 1부터 3 중에서, 가장 알맞은 것을 하나 골라 주세요. 디렉션과 예제는 제1회 실전모의고사의 해설(p.24)에서 확인할 수 있습니다.

1 난이도 중

[음성]
女：どちらの国から来ましたか。
男：1 東京です。
　　2 飛行機です。
　　3 ベトナムです。

해석 여: 어느 나라에서 왔습니까?
남: 1 도쿄입니다.
　　2 비행기입니다.
　　3 베트남입니다.

해설 여자가 남자에게 어느 나라에서 왔는지 묻고 있다.
1 (X) '東京です(도쿄입니다)'는 도시를 답하는 말이므로 오답이다.
2 (X) '飛行機です(비행기입니다)'는 이동 수단을 답하는 말이므로 오답이다.
3 (O) 'ベトナムです(베트남입니다)'는 출신 국가를 답하는 말이므로 적절한 응답이다.

어휘 どちら 🕮 어느　国 くに 🕮 나라　〜から 🕮 〜에서
　　来る くる 🕮 오다　東京 とうきょう 🕮 도쿄
　　飛行機 ひこうき 🕮 비행기　ベトナム 🕮 베트남

2 난이도 중

[음성]
男: 袋はいくついりますか。
女: 1　5円です。
　　2　2枚ください。
　　3　1本いります。

해석 남: 봉투는 몇 개 필요합니까?
　　여: 1　5엔입니다.
　　　　2　2장 주세요.
　　　　3　1자루 필요합니다.

해설 남자가 여자에게 봉투가 몇 개 필요한지 묻고 있다.
　1 (X) '5円です(5엔입니다)'는 가격을 답하는 말이므로 오답이다.
　2 (O) '2枚ください(2장 주세요)'는 봉투의 개수를 답하는 말이므로 적절한 응답이다.
　3 (X) '1本いります(1자루 필요합니다)'는 いくつ(몇 개)가 개수를 묻는 표현이므로, 숫자를 사용한 표현인 1本(1자루)을 사용하여 혼동을 준 오답이다.

어휘 袋 ふくろ 圏 봉투　いくつ 圏 몇 개　いる 图 필요하다
　　～円 ～えん ~엔　～枚 ～まい ~장　～本 ～ほん ~자루

TIP いくつ(몇 개)와 개수를 묻는 질문에는 질문에서 요구하는 물건을 세는 단위를 올바르게 사용한 내용을 정답으로 고른다.

3 난이도 중

[음성]
女: なぜ授業に遅れましたか。
男: 1　寝坊したからです。
　　2　授業がないからです。
　　3　10時に始まるからです。

해석 여: 왜 수업에 늦었습니까?
　　남: **1　늦잠을 잤기 때문입니다.**
　　　　2　수업이 없기 때문입니다.
　　　　3　10시에 시작되기 때문입니다.

해설 여자가 남자에게 수업에 늦은 이유를 묻고 있다.
　1 (O) '寝坊したからです(늦잠을 잤기 때문입니다)'는 수업에 늦은 직접적인 이유를 설명한 말이므로 적절한 응답이다.
　2 (X) 授業(수업)를 반복 사용하여 혼동을 준 오답이다.
　3 (X) '10時に始まるからです(10시에 시작되기 때문입니다)'는 늦은 이유를 설명한 것이 아닌 수업 시작 시간을 언급한 말이므로 오답이다.

어휘 なぜ 囝 왜　授業 じゅぎょう 圏 수업　遅れる おくれる 图 늦다
　　寝坊 ねぼう 圏 늦잠을 잠　～から 图 ~때문에　ない い형 없다
　　～時 ～じ ~시　始まる はじまる 图 시작되다

4 난이도 중상

[음성]
男: 話を聞いて、何か質問はありますか。
女: 1　質問は何ですか。
　　2　特にありません。
　　3　話はありません。

해석 남: 이야기를 듣고, 무언가 질문은 있습니까?
　　여: 1　질문은 무엇입니까?
　　　　2　특별히 없습니다.
　　　　3　이야기는 없습니다.

해설 남자가 여자에게 이야기를 듣고 질문이 있는지 묻고 있다.
　1 (X) 質問(질문)을 반복 사용하여 혼동을 준 오답이다.
　2 (O) '特にありません(특별히 없습니다)'은 질문이 없다는 말이므로 적절한 응답이다.
　3 (X) 話(이야기)를 반복 사용하여 혼동을 준 오답이다.

어휘 話 はなし 圏 이야기　聞く きく 图 듣다　何 なに 圏 무엇
　　～か 图 ~인가　質問 しつもん 圏 질문　ある 图 있다
　　特に とくに 囝 특별히

5 난이도 중상

[음성]
女: 日本語を話すことができますか。
男: 1　簡単な日本語はできます。
　　2　日本人ではありません。
　　3　先月、日本に旅行に行きました。

해석 여: 일본어를 말할 수 있습니까?
　　남: **1　간단한 일본어는 할 수 있습니다.**
　　　　2　일본인이 아닙니다.
　　　　3　지난달, 일본으로 여행을 갔습니다.

해설 여자가 남자에게 일본어를 말할 수 있는지 묻고 있다.
　1 (O) '簡単な日本語はできます(간단한 일본어는 할 수 있습니다)'는 일본어를 부분적으로 할 수 있다는 말이므로 적절한 응답이다.
　2 (X) 日本語(일본어)와 관련된 日本人(일본인)을 사용하여 혼동을 준 오답이다.
　3 (X) 日本語(일본어)와 관련된 日本(일본)을 사용하여 혼동을 준 오답이다.

어휘 日本語 にほんご 圏 일본어　話す はなす 图 말하다
　　～ことができる ~할 수 있다　簡単だ かんたんだ な형 간단하다
　　できる 图 할 수 있다　日本人 にほんじん 圏 일본인
　　先月 せんげつ 圏 지난달　日本 にほん 圏 일본
　　旅行 りょこう 圏 여행　行く いく 图 가다

6 난이도 상

[음성]
女: 待っている間にこの書類を書いてください。
男: 1　いつ書きますか。
　　 2　まだ書いていません。
　　 3　はい、書いておきます。

해석　여: 기다리고 있는 동안에 **이 서류를 써 주세요**.
　　 남: 1　언제 씁니까?
　　　　 2　아직 쓰지 않았습니다.
　　　　 3　네, 써 두겠습니다.

해설　여자가 남자에게 기다리는 동안 서류를 써 달라고 요청하고 있다.
　　 1 (X) 'いつ書きますか(언제 씁니까)'는 언제 쓰냐는 말로, 기다리는 동안 써 달라는 여자의 말의 의도에 맞지 않는 응답이므로 오답이다.
　　 2 (X) 書いて(써)를 반복 사용하여 혼동을 준 오답이다.
　　 3 (O) 'はい、書いておきます(네, 써 두겠습니다)'는 여자의 요청을 수락하는 말이므로 적절한 응답이다.

어휘　待つ まつ 图 기다리다　～ている ~하고 있다
　　 ～間に ~あいだに ~동안에　この 이　書類 しょるい 图 서류
　　 書く かく 图 쓰다　～てください ~해 주세요　いつ 图 언제
　　 まだ 图 아직　～ておく ~해 두다

해커스 JLPT 실전모의고사 N5

부록

회차별 단어·문형
JLPT 빈출 단어·문형

회차별 단어·문형

제1회 실전모의고사

■ 문자·어휘·문법 단어

☐ 会う*	동 만나다			☐ 水曜日*	명 수요일
☐ あげる	동 (남에게) 주다			☐ 先生*	명 선생(님)
☐ 新しい	い형 새롭다			☐ 大変だ	な형 고단하다, 힘들다
☐ 暑い	い형 덥다			☐ 食べる*	동 먹다
☐ ある*	동 있다			☐ チケット*	명 티켓
☐ 石	명 돌			☐ 机*	명 책상
☐ 一階	명 일 층			☐ 作る	동 만들다
☐ 教える*	동 가르치다			☐ テキスト	명 교과서
☐ 男の子	명 남자아이			☐ 店員	명 점원
☐ 女の子*	명 여자아이			☐ 時計*	명 시계
☐ 角*	명 모퉁이			☐ 友達*	명 친구
☐ 通う	동 다니다			☐ 履く*	동 (하의를) 입다
☐ 火曜日*	명 화요일			☐ 広い	い형 넓다
☐ 着る	동 (옷을) 입다			☐ 古い*	い형 낡다
☐ 切る*	동 자르다			☐ 店*	명 가게
☐ 今日の朝	명 오늘 아침			☐ 道*	명 길
☐ 今朝*	명 오늘 아침			☐ もっと	부 더
☐ 結婚	명 결혼			☐ もらう*	동 받다
☐ 雑誌	명 잡지			☐ 約束	명 약속
☐ 寒い*	い형 춥다			☐ 有名だ*	な형 유명하다
☐ 新聞*	명 신문			☐ 渡す	동 건네다

회차별 단어 · 문형

■ 독해 단어

- [ ] あさって   명 모레
- [ ] 汗(あせ)   명 땀
- [ ] 運動(うんどう)   명 운동
- [ ] お休(やす)み   명 휴무
- [ ] かく   동 (땀을) 흘리다
- [ ] 返(かえ)す   동 반납하다, 돌려주다
- [ ] 紙(かみ)   명 종이
- [ ] がんばる   동 힘내다, 분발하다
- [ ] 教室(きょうしつ)   명 교실
- [ ] 公園(こうえん)   명 공원
- [ ] 午後(ごご)*   명 오후
- [ ] 閉(し)まる*   동 닫히다
- [ ] 授業(じゅぎょう)   명 수업
- [ ] 食事(しょくじ)   명 식사
- [ ] 心配(しんぱい)   명 걱정
- [ ] 座(すわ)る   동 앉다
- [ ] 楽(たの)しむ   동 즐기다
- [ ] 図書館(としょかん)*   명 도서관
- [ ] 名前(なまえ)*   명 이름
- [ ] 場所(ばしょ)*   명 장소
- [ ] 走(はし)る   동 달리다
- [ ] 部屋(へや)*   명 방
- [ ] 笑(わら)う   동 웃다

■ 청해 단어

- [ ] 映画(えいが)*   명 영화
- [ ] 駅(えき)*   명 역
- [ ] 音楽(おんがく)   명 음악
- [ ] 会議(かいぎ)   명 회의
- [ ] 黄色(きいろ)   명 노란색
- [ ] 期間(きかん)   명 기간
- [ ] 見学(けんがく)   명 견학
- [ ] 交差点(こうさてん)   명 교차로, 교차점
- [ ] 工場(こうじょう)   명 공장
- [ ] 紅茶(こうちゃ)   명 홍차
- [ ] コーヒー*   명 커피
- [ ] コピー   명 복사
- [ ] 探(さが)す   동 찾다
- [ ] 水泳(すいえい)   명 수영
- [ ] タオル   명 수건
- [ ] 着(つ)く   동 도착하다
- [ ] テスト   명 시험
- [ ] 読書(どくしょ)   명 독서
- [ ] 働(はたら)く*   동 일하다
- [ ] プリント   명 프린트
- [ ] 文化(ぶんか)   명 문화
- [ ] 緑(みどり)   명 초록색
- [ ] 歴史(れきし)   명 역사

■ 문형

☐	~からだ ~때문이다	林さんが 休みなのは 風邪だからです。 하야시 씨가 휴가인 것은 감기 때문입니다.
☐	~しか ~밖에	英語は 簡単な あいさつしか できません。 영어는 간단한 인사밖에 못합니다.
☐	~てある ~되어 있다	テーブルの 上に メモが 置いて あります。 테이블 위에 메모가 놓여져 있습니다.
☐	~ている ~하고 있다	赤ちゃんが 泣いて います。 아기가 울고 있습니다.
☐	~てください ~해 주세요	会議の 資料を 作って ください。 회의 자료를 만들어 주세요.
☐	~てみる ~해 보다	新しい くつを はいて みました。 새 신발을 신어 보았습니다.
☐	~という ~라고 하는	これは 「フリージア」という 花です。 이것은 '프리지아'라고 하는 꽃입니다.
☐	~ながら ~하면서	コーヒーを 飲みながら 話しました。 커피를 마시면서 이야기했습니다.
☐	~に ~에	歩いて 学校に 行きます。 걸어서 학교에 갑니다.
☐	~ましょう ~합시다	もう 遅いから 帰りましょう。 이미 늦었으니 돌아갑시다.

제2회 실전모의고사

■ 문자·어휘·문법 단어

☐	雨* _{あめ}	명 비		☐	足す _た	동 더하다
☐	洗う* _{あら}	동 빨다, 씻다		☐	頼む _{たの}	동 부탁하다
☐	家* _{いえ}	명 집		☐	出かける* _で	동 외출하다
☐	行く* _い	동 가다		☐	テレビ	명 텔레비전
☐	いつつ*	명 다섯 개		☐	電気* _{でんき}	명 전등, 전기
☐	いる*	동 있다		☐	通る _{とお}	동 지나다
☐	選ぶ _{えら}	동 고르다		☐	取る _と	동 집다, 잡다
☐	お金 _{かね}	명 돈		☐	庭 _{にわ}	명 정원
☐	置く _お	동 놓다		☐	ねこ*	명 고양이
☐	おふろ	명 욕실		☐	登る* _{のぼ}	동 오르다
☐	外国* _{がいこく}	명 외국		☐	ノート	명 노트
☐	かぎ	명 열쇠		☐	半分* _{はんぶん}	명 절반
☐	学生* _{がくせい}	명 학생		☐	～匹* _{ひき}	~마리(동물)
☐	カメラ*	명 카메라		☐	百円 _{ひゃくえん}	명 백 엔
☐	雲 _{くも}	명 구름		☐	降る* _ふ	동 (비가) 내리다
☐	来る* _く	동 오다		☐	～まい*	~장
☐	くれる	동 (남이 나에게) 주다		☐	見る* _み	동 보다
☐	～こ*	~개		☐	山* _{やま}	명 산
☐	資料 _{しりょう}	명 자료		☐	読む* _よ	동 읽다
☐	少ない* _{すく}	い형 적다		☐	来月 _{らいげつ}	명 다음 달
☐	洗濯* _{せんたく}	명 세탁		☐	来週* _{らいしゅう}	명 다음 주

■ 독해 단어

☐ 受付(うけつけ)	명	접수처
☐ 下(お)りる*	동	내리다
☐ 終(お)わる*	동	끝나다
☐ 数(かぞ)える	동	세다
☐ クリスマス	명	크리스마스
☐ 午後(ごご)*	명	오후
☐ 残念(ざんねん)だ	な형	아쉽다
☐ スーパー*	명	슈퍼
☐ 棚(たな)	명	선반
☐ 出口(でぐち)*	명	출구
☐ 電車(でんしゃ)*	명	전철
☐ 届(とど)く	동	도착하다
☐ 荷物(にもつ)	명	짐
☐ 人気(にんき)	명	인기
☐ 乗(の)る	동	타다
☐ ファイル	명	파일
☐ ペン	명	펜
☐ 店(みせ)*	명	가게
☐ 見(み)つける	동	찾다
☐ やおや	명	야채가게
☐ 安(やす)い*	い형	싸다, 저렴하다
☐ 予定(よてい)	명	예정
☐ 予約(よやく)	명	예약

■ 청해 단어

☐ アルバイト	명	아르바이트
☐ 忙(いそが)しい*	い형	바쁘다
☐ 美(うつく)しい	い형	아름답다
☐ 傘(かさ)	명	우산
☐ 風邪(かぜ)	명	감기
☐ 決(き)まる	동	정해지다
☐ 景色(けしき)	명	경치
☐ ズボン*	명	바지
☐ 住(す)む	동	살다
☐ 席(せき)	명	자리, 좌석
☐ 建物(たてもの)*	명	건물
☐ 楽(たの)しい	い형	즐겁다
☐ 誕生日(たんじょうび)*	명	생일
☐ 動物園(どうぶつえん)	명	동물원
☐ 図書館(としょかん)*	명	도서관
☐ 運(はこ)ぶ	동	옮기다
☐ 橋(はし)	명	다리
☐ 話(はな)し合(あ)う	동	의논하다
☐ ひどい	い형	심하다
☐ 本(ほん)*	명	책
☐ 湖(みずうみ)	명	호수
☐ 有名(ゆうめい)だ*	な형	유명하다
☐ 連絡(れんらく)	명	연락

■ 문형

문형	예문
☐ **~か** ~지	テストが いつ**か** 分かりますか。 시험이 언제인지 아시나요?
☐ **~ことができる** ~할 수 있다	ギターを 弾く **ことが できます**か。 기타를 칠 수 있습니까?
☐ **~たい** ~하고 싶다	おいしい ラーメンが 食べ**たい**です。 맛있는 라멘을 먹고 싶습니다.
☐ **~だけ** ~만	週末**だけ** アルバイトを して います。 주말만 아르바이트를 하고 있습니다.
☐ **~ておく** ~해 두다	寒いから 暖房を つけ**て おきました**。 추워서 난방을 켜 두었습니다.
☐ **~てくださいませんか** ~해 주시지 않겠습니까?	ちょっと 仕事を 手伝っ**て くださいませんか**。 잠깐 일을 도와주시지 않겠습니까?
☐ **~のこと** ~에 관한 것	この 町**の こと**を 紹介しました。 이 마을에 관한 것을 소개했습니다.
☐ **~のとき** ~일 때	学生**の とき**、テニスを して いました。 학생일 때, 테니스를 했었습니다.
☐ **~の前に** ~의 전에	食事**の 前に** 手を 洗います。 식사의 전에 손을 씻습니다.
☐ **~やすい** ~하기 쉽다	書き**やすい** ペンを 探して います。 쓰기 쉬운 펜을 찾고 있습니다.

제3회 실전모의고사

■ 문자·어휘·문법 단어

☐ 明<ruby>あか</ruby>るい*	い형 밝다
☐ 歩<ruby>ある</ruby>く*	동 걷다
☐ 医者<ruby>いしゃ</ruby>	명 의사
☐ 後<ruby>うし</ruby>ろ*	명 뒤
☐ 絵<ruby>え</ruby>	명 그림
☐ お母<ruby>かあ</ruby>さん	명 어머니
☐ お父<ruby>とう</ruby>さん	명 아버지
☐ 覚<ruby>おぼ</ruby>える	동 기억하다
☐ 会社<ruby>かいしゃ</ruby>	명 회사
☐ 買<ruby>か</ruby>う*	동 사다
☐ 歌手<ruby>かしゅ</ruby>	명 가수
☐ 聞<ruby>き</ruby>く*	동 듣다
☐ 空港<ruby>くうこう</ruby>	명 공항
☐ 果物<ruby>くだもの</ruby>*	명 과일
☐ 曇<ruby>くも</ruby>り	명 흐림
☐ 答<ruby>こた</ruby>える	동 대답하다
☐ 〜才<ruby>さい</ruby>*	〜살
☐ 仕事<ruby>しごと</ruby>*	명 일
☐ 七時<ruby>しちじ</ruby>	명 7시
☐ 閉<ruby>し</ruby>める	동 닫다
☐ 週末<ruby>しゅうまつ</ruby>	명 주말

☐ 信号<ruby>しんごう</ruby>*	명 신호
☐ 少<ruby>すこ</ruby>し*	부 약간
☐ 出<ruby>だ</ruby>す*	동 제출하다
☐ たぶん	부 아마도
☐ 食<ruby>た</ruby>べ物<ruby>もの</ruby>*	명 음식
☐ ちょっと*	부 조금
☐ 出<ruby>で</ruby>る*	동 나오다
☐ 天気<ruby>てんき</ruby>*	명 날씨
☐ 習<ruby>なら</ruby>う*	동 배우다
☐ 飲<ruby>の</ruby>み物<ruby>もの</ruby>	명 음료
☐ パスポート*	명 여권
☐ 話<ruby>はなし</ruby>*	명 이야기
☐ 晴<ruby>は</ruby>れ*	명 맑음
☐ 番号<ruby>ばんごう</ruby>	명 번호
☐ プール*	명 수영장
☐ 勉強<ruby>べんきょう</ruby>*	명 공부
☐ 南口<ruby>みなみぐち</ruby>	명 남쪽 출구
☐ メニュー	명 메뉴
☐ 持<ruby>も</ruby>つ	동 가지다
☐ よい	い형 좋다
☐ レポート	명 보고서

회차별 단어·문형

■ 독해 단어

☐	おいしい*	[い형]	맛있다
☐	送る(おく)	[동]	보내다
☐	遅れる(おく)	[동]	늦다
☐	外国(がいこく)*	[명]	외국
☐	咲く(さ)*	[동]	피다
☐	参加(さんか)	[명]	참가
☐	写真(しゃしん)	[명]	사진
☐	出発(しゅっぱつ)	[명]	출발
☐	知る(し)	[동]	알다
☐	楽しい(たの)	[い형]	재미있다
☐	誕生日(たんじょうび)*	[명]	생일
☐	撮る(と)	[동]	찍다
☐	肉(にく)	[명]	고기
☐	パーティー*	[명]	파티
☐	博物館(はくぶつかん)	[명]	박물관
☐	始める(はじ)	[동]	시작하다
☐	ほかの		다른
☐	帽子(ぼうし)*	[명]	모자
☐	メール	[명]	이메일
☐	野菜(やさい)	[명]	야채
☐	用事(ようじ)	[명]	볼일
☐	料理(りょうり)*	[명]	요리
☐	レシピ	[명]	레시피

■ 청해 단어

☐	妹(いもうと)*	[명]	여동생
☐	運動会(うんどうかい)	[명]	운동회
☐	描く(か)	[동]	그리다
☐	カレンダー	[명]	달력
☐	玄関(げんかん)	[명]	현관
☐	宿題(しゅくだい)*	[명]	숙제
☐	趣味(しゅみ)	[명]	취미
☐	書類(しょるい)	[명]	서류
☐	スリッパ	[명]	슬리퍼
☐	外(そと)*	[명]	밖
☐	単語(たんご)	[명]	단어
☐	注文(ちゅうもん)	[명]	주문
☐	使う(つか)	[동]	사용하다
☐	電話(でんわ)*	[명]	전화
☐	動物園(どうぶつえん)	[명]	동물원
☐	長い(なが)*	[い형]	길다
☐	寝坊(ねぼう)	[명]	늦잠을 잠
☐	部長(ぶちょう)	[명]	부장(님)
☐	学ぶ(まな)	[동]	배우다
☐	雪(ゆき)*	[명]	눈
☐	予定(よてい)	[명]	예정
☐	呼ぶ(よ)	[동]	부르다
☐	レジ	[명]	계산대

■ 문형

- [ ] **~おわる**
  다 ~하다

  朝ごはんを 食べおわりました。
  아침밥을 다 먹었습니다.

- [ ] **~けれども**
  ~하지만

  この かばんは 高いけれども 人気です。
  이 가방은 비싸지만 인기입니다.

- [ ] **~つもりだ**
  ~할 생각이다

  今日は 家で 本を 読むつもりです。
  오늘은 집에서 책을 읽을 생각입니다.

- [ ] **~でしょう**
  ~일 것입니다

  今週は ずっと 晴れるでしょう。
  이번 주는 계속 맑을 것입니다.

- [ ] **~と~とどちらが**
  ~와 ~중에 어느 쪽이

  日本と 韓国と どちらが 大きいですか。
  일본과 한국 중 어느 쪽이 크나요?

- [ ] **~に行く**
  ~하러 가다

  山へ キャンプを しに 行きます。
  산으로 캠핑을 하러 갑니다.

- [ ] **~にする**
  ~로 하다

  母への プレゼントは 皿に します。
  어머니에게의 선물은 접시로 하겠습니다.

- [ ] **~になる**
  ~가 되다

  将来は 医者に なりたいです。
  장래에는 의사가 되고 싶습니다.

- [ ] **~ほう**
  ~편

  私は 背が 高い ほうです。
  저는 키가 큰 편입니다.

- [ ] **~も**
  ~나

  今日は 10キロも 走りました。
  오늘은 10킬로미터나 달렸습니다.

JLPT 빈출 단어·문형

■ 회사생활 단어

- かける [동] (전화 등을) 걸다
- 上手(じょうず)だ [な형] 능숙하다
- 並(なら)べる [동] 늘어놓다
- ひまだ [な형] 한가하다
- 下手(へた)だ [な형] 서툴다
- 便利(べんり)だ [な형] 편리하다
- 休(やす)む [동] 쉬다

■ 가족, 일상생활 단어

- 開(あ)ける [동] 열다
- 足(あし) [명] 발
- 浴(あ)びる [동] (샤워를) 하다
- 犬(いぬ) [명] 개
- 生(う)まれる [동] 태어나다
- エアコン [명] 에어컨
- 男(おとこ)の人(ひと) [명] 남자
- 帰(かえ)る [동] 돌아가다
- 薬(くすり) [명] 약
- 財布(さいふ) [명] 지갑
- 吸(す)う [동] (담배를) 피우다
- 祖父(そふ) [명] 할아버지
- 父(ちち) [명] 아버지
- 手(て) [명] 손
- 動物(どうぶつ) [명] 동물
- 猫(ねこ) [명] 고양이
- 母(はは) [명] 어머니
- ポケット [명] 주머니, 포켓
- 窓(まど) [명] 창문
- 目(め) [명] 눈

■ 공부, 학교생활 단어

- 英語(えいご) [명] 영어
- 学校(がっこう) [명] 학교
- 簡単(かんたん)だ [な형] 쉽다, 간단하다
- 学生(がくせい) [명] 학생
- 元気(げんき)だ [な형] 건강하다
- ～冊(さつ) ~권
- 掃除(そうじ) [명] 청소
- 強(つよ)い [い형] 강하다
- 入(はい)る [동] 들어가다
- 易(やさ)しい [い형] 쉽다
- 練習(れんしゅう) [명] 연습
- 忘(わす)れる [동] 잊다

■ 쇼핑, 음식 단어

- 甘(あま)い [い형] 달다
- 多(おお)い [い형] 많다
- 重(おも)い [い형] 무겁다
- 軽(かる)い [い형] 가볍다

☐	喫茶店 (きっさてん)	명 찻집, 카페	☐	西 (にし)	명 서쪽
☐	五千円 (ごせんえん)	명 5천 엔	☐	病院 (びょういん)	명 병원
☐	丈夫だ (じょうぶだ)	な형 튼튼하다			
☐	高い (たかい)	い형 비싸다	■ 교통 단어		
☐	小さい (ちいさい)	い형 작다	☐	歩く (あるく)	동 걷다
☐	服 (ふく)	명 옷	☐	エレベーター	명 엘리베이터
			☐	切符 (きっぷ)	명 표
■ 날씨, 장소 단어			☐	車 (くるま)	명 차
☐	アパート	명 아파트	☐	立つ (たつ)	동 서다
☐	いい	い형 좋다	☐	中 (なか)	명 안
☐	上 (うえ)	명 위	☐	左 (ひだり)	명 왼쪽
☐	海 (うみ)	명 바다	☐	右 (みぎ)	명 오른쪽
☐	お国 (おくに)	명 나라			
☐	風 (かぜ)	명 바람	■ 여가 단어		
☐	川 (かわ)	명 강	☐	五日 (いつか)	명 5일
☐	木 (き)	명 나무	☐	金曜日 (きんようび)	명 금요일
☐	北側 (きたがわ)	명 북쪽	☐	九月 (くがつ)	명 9월
☐	汚い (きたない)	い형 더럽다	☐	午前 (ごぜん)	명 오전
☐	銀行 (ぎんこう)	명 은행	☐	土曜日 (どようび)	명 토요일
☐	暗い (くらい)	い형 어둡다	☐	七日 (なのか)	명 7일
☐	静かだ (しずかだ)	な형 조용하다	☐	何か月 (なんかげつ)	명 몇 개월
☐	空 (そら)	명 하늘	☐	にぎやかだ	な형 활기차다
☐	冷たい (つめたい)	い형 차갑다	☐	話す (はなす)	동 이야기하다
☐	トイレ	명 화장실	☐	毎週 (まいしゅう)	명 매주
☐	遠い (とおい)	명 멀다	☐	旅行 (りょこう)	명 여행

■ 문형

☐ **〜おわる**
다 ~하다

レポートは 書きおわりましたか。
리포트는 다 썼나요?

☐ **〜がほしい**
~를 갖고 싶다

新しい スマートフォンが ほしいです。
새로운 스마트폰을 갖고 싶습니다.

☐ **〜から**
~부터

来週から 新しい 仕事を 始めます。
다음 주부터 새로운 일을 시작합니다.

☐ **〜ぐらい**
~정도

友達と 2時間ぐらい 電話しました。
친구와 두 시간 정도 통화했습니다.

☐ **〜たり**
~하거나

東京では すもうを 見たり 寺に 行ったり しました。
도쿄에서는 스모를 보거나 절에 가기도 했습니다.

☐ **〜ていく**
~하고 가다

誰かが 傘を 忘れて いきました。
누군가가 우산을 잊고 갔습니다.

☐ **〜てから**
~하고 나서

窓を 開けてから 掃除して ください。
창문을 열고 나서 청소해 주세요.

☐ **〜てしまう**
~해 버리다

風邪を ひいて しまいました。
감기를 걸려 버렸습니다.

☐ **〜ては いけない**
~하면 안 된다

ここで たばこを 吸っては いけません。
여기에서 담배를 피우면 안 됩니다.

☐ **〜ではなくて**
~가 아니고

教室では 英語ではなくて 日本語で 話します。
교실에서는 영어가 아니고 일본어로 말합니다.

	문형	예문
☐	**〜てもいい** ~해도 된다	好(す)きな 席(せき)に 座(すわ)っても いいですか。 좋아하는 자리에 앉아도 되나요?
☐	**〜など** ~등	趣味(しゅみ)は 料理(りょうり)や 散歩(さんぽ)などです。 취미는 요리나 산책 등입니다.
☐	**〜のは** ~것은	ずっと 運転(うんてん)するのは 大変(たいへん)では ないですか。 계속 운전하는 것은 힘들지 않나요?
☐	**〜はじまる** ~하기 시작하다	雪(ゆき)が 降(ふ)りはじめました。 눈이 내리기 시작했습니다.
☐	**〜ました** ~했습니다	姉(あね)は 去年(きょねん) 結婚(けっこん)しました。 언니는 작년 결혼했습니다.
☐	**〜ましょうか** ~할까요?	道(みち)を 案内(あんない)しましょうか。 길을 안내할까요?
☐	**〜ます** ~합니다	あなたの 気持(きも)ちは よく わかります。 당신의 마음은 잘 이해합니다.
☐	**〜ません** ~하지 않습니다	私(わたし)は 肉(にく)を 食(た)べません。 저는 고기를 먹지 않습니다.
☐	**〜や** ~나	家(いえ)の 近(ちか)くに コンビニや パン屋(や)が あります。 집 근처에 편의점이나 빵집이 있습니다.
☐	**〜より** ~보다	野球(やきゅう)より サッカーが 好(す)きです。 야구보다 축구를 좋아합니다.

해커스 JLPT 실전모의고사 N5

초판 2쇄 발행 2025년 8월 4일
초판 1쇄 발행 2025년 4월 4일

지은이	해커스 JLPT연구소
펴낸곳	㈜해커스 어학연구소
펴낸이	해커스 어학연구소 출판팀
주소	서울특별시 서초구 강남대로61길 23 ㈜해커스 어학연구소
고객센터	02-537-5000
교재 관련 문의	publishing@hackers.com
	해커스일본어 사이트(japan.Hackers.com) 교재 Q&A 게시판
동영상강의	japan.Hackers.com
ISBN	978-89-6542-767-4 (13730)
Serial Number	01-02-01

저작권자 © 2025, 해커스 어학연구소
이 책 및 음성파일의 모든 내용, 이미지, 디자인, 편집 형태에 대한 저작권은 저자에게 있습니다.
서면에 의한 저자와 출판사의 허락 없이 내용의 일부 혹은 전부를 인용, 발췌하거나 복제, 배포할 수 없습니다.

일본어 교육 1위
해커스일본어(japan.Hackers.com)

- 해커스 스타강사의 **일본어 인강**(교재 내 할인쿠폰 수록)
- QR코드를 찍어 바로 듣는 **다양한 버전의 교재 MP3**
- JLPT N5 합격 목표 달성을 위한 **N5 단어·문형 암기장**

한경비즈니스 선정 2020 한국브랜드선호도 교육(온·오프라인 일본어) 부문 1위

일본어 교육 1위 해커스일본어

한경비즈니스 선정 2020 한국브랜드선호도 교육(온·오프라인 일본어) 부문 1위

쉽고 재미있는 일본어 학습을 위한
체계적 학습자료

무료 일본어 레벨테스트

5분 만에 일본어 실력 확인
& 본인의 실력에 맞는 학습법 추천!

선생님과의 1:1 Q&A

학습 내용과 관련된 질문사항을
Q&A를 통해 직접 답변!

해커스일본어 무료 강의

실시간 가장 핫한 해커스일본어
과목별 무료 강의 제공!

데일리 무료 학습 콘텐츠

일본어 단어부터 한자, 회화 콘텐츠까지
매일매일 확인하는 데일리 무료 콘텐츠!

일본어 교육 1위 해커스일본어
japan.Hackers.com

무료 학습자료 확인하기 ▶